Langues pour tous
collection dirigée par
Jean-Pierre Berman, Michel Marcheteau et Michel Savio

L'arabe tout de suite !

par

Bissane Tabriz - Hubert

Une version sonore (non vendue séparément) est disponible en coffret (1 livre + 1 K7)

POCKET

Présentation

L'arabe tout de suite ! est un ouvrage qui ne nécessite aucune connaissance grammaticale et linguistique préalable ! Il est destiné à tous ceux qui, pour une raison ou pour une autre, n'ont pas le temps de se consacrer à un apprentissage systématique de l'arabe.

• Il s'agit donc d'un manuel court, conçu pour aider ses utilisateurs à exprimer un certain nombre de messages simples et pratiques.

• Pour ce faire il part de formules et d'expressions en français dont il propose l'équivalent en anglais. Ainsi, dès la première unité de ce livre vous pouvez être opérationnel TOUT DE SUITE.

L'arabe tout de suite ! comprend deux parties :

Partie A, de 1 à 20 :

• Une unité d'introduction à la prononciation (Leçon 0).

• Vingt unités de quatre pages construites autour de formules de grande fréquence : *je suis*, *j'ai*, *je voudrais*, *combien... ? comment .... ? pourquoi... ?*, suivies d'un vocabulaire de base le plus concret possible.

• Des explications et des remarques élémentaires viennent s'y ajouter, renforcées par des exercices avec correction instantanée.

Partie B, de 1 à 20 :

• Vingt unités présentent le vocabulaire par centres d'intérêt : nourriture, logement, transports, santé...

• Des exercices avec correction instantanée utilisent les structures et les formules proposées dans la partie A.

En fin de volume, un **mémento grammatical** permet à ceux qui le souhaitent un survol des conjugaisons et présente des tableaux d'éléments de base. Un **lexique** d'un millier de mots peut être utilisé comme dictionnaire de poche.

Conseils d'utilisation

• **Partie A** : vous pouvez soit l'étudier systématiquement pour vous initier rapidement aux structures les plus courantes de l'arabe, soit, en cas d'urgence, recourir directement à la structure dont vous avez besoin, par exemple A9 : « *Je veux* », « *Je voudrais* »... et la mettre TOUT DE SUITE en application.

• **Partie B** : vous pouvez soit étudier systématiquement les différents secteurs de vocabulaire qui vous sont proposés, soit choisir celui dont vous avez besoin TOUT DE SUITE !

Enregistrement

Une cassette d'environ une heure vous permet de vous familiariser avec la prononciation de l'arabe en écoutant et en répétant les modèles de phrases de la partie A.

QUEL ARABE APPREND-ON ICI ?

• Ce n'est pas l'*arabe dialectal*, car il existe cinq ou six dialectes régionaux assez différents les uns des autres (cf. p. 134).

• Ce n'est pas l'*arabe littéraire* classique utilisé dans les grandes œuvres, notamment la poésie classique et le Coran.

• C'est un **arabe standard simplifié** :

- standard, parce qu'il est utilisé, d'un bout à l'autre du monde arabe, dans les journaux, les romans, les médias, les rencontres et colloques.

- simplifié, car on n'y tient compte que des règles de la langue orale, moins contraignantes que celles de la langue écrite. La différence fondamentale entre les deux tient en ceci :

a- dans la langue orale, les noms et les adjectifs ne changent pas de terminaison d'après leur fonction dans la phrase ; autrement dit ils ne se déclinent pas.

b- dans la langue orale, les verbes ne changent pas de terminaison d'après leur mode.

Cet arabe standard simplifié, utilisé dans le langage oral, est le plus grand dénominateur commun entre tous les arabophones, pourvu qu'ils soient quelque peu alphabétisés et suivent les médias (ce qui n'exclut qu'une infime minorité).

C'est une langue de communication assez souple, mais, parce qu'elle ne s'écrit pas, sujette à des variations d'un milieu à l'autre, notamment au niveau de la prononciation des voyelles (cf. la notice explicative p. 134). Elle est la plus adéquate pour celui qui veut communiquer immédiatement. Mais elle peut aussi représenter une bonne initiation pour celui qui voudrait aller plus loin dans la maîtrise de la langue écrite.

Rappel : Nous mettons souvent en face du texte transcrit en caractères latins le texte arabe. Celui-ci sert à introduire à l'esthétique de la langue écrite et permet de se familiariser avec l'écriture. Si l'on veut apprendre à lire et écrire, il faudra alors se reporter à ***PARLEZ ARABE EN 40 LEÇONS*** dans la même collection (voir catalogue **Langues pour tous**).

Sommaire

Partie A

Sommaire

Partie B

A0 Prononciation

Le but de cette leçon est d'introduire quelques sons spécifiques de l'arabe, à partir d'expressions courantes. Il est conseillé de la travailler plusieurs fois avant de passer à la leçon A1 et d'y revenir de temps en temps.

1. Salut !
2. Comment ça va ?
3. Bien, grâce à Dieu.
4. J'apprends l'arabe.
5. C'est une belle langue.
6. Bonjour.
7. Bonsoir.
8. Qu'est-ce que c'est ?
9. Quel est ton nom ?
10. Mon nom est Latifa.
11. Mon nom est Kassem.
12. Merci !
13. Pardon, pas de quoi !
14. Excusez-moi !

A0 lafż̲ لفظ

Note : Cet ouvrage n'a pas pour objectif d'apprendre à lire en arabe. Si vous désirez le faire, vous pouvez vous reporter à *Parlez arabe en 40 leçons*, dans la même collection (les dix premières leçons). Cependant, nous reproduisons ici le texte arabe pour vous aider à vous y familiariser et, éventuellement, pour répondre aux besoins de ceux qui ont déjà quelques notions dans ce domaine.

1. **mar^{r}h^{h}abâ !**	مَرْحَبا
2. **kaïfa-l-h^{h}âl** ?	كيْفَ الحال؟
3. **bi-h^{r}aïr^{r}, al-h^{h}amdou lillâh.**	بِخَير، الحَمْدُ لِلَّه
4. **ata^{c}allam al-^{c}ar^{r}abiya^{h}.**	أتَعَلَّم العَربيَّة
5. **hiya loura^{h} jamîla^{h}.**	هِيَ لُغَة جميلة
6. **sabâh^{h}e-l-h^{r}aîr^{r}.**	صَباح الخَيْر
7. **masâ'e-l-h^{r}aïr^{r}.**	مساء الخيرِ
8. **mâ hâżâ** ?	ما هَذا ؟
9. **ma-smouka** ?	ما اِسمُكَ ؟
10. **ismî lat̲ifa^{h}.**	اسمِي لَطيفة
11. **ismî k̲âsim.**	اسْمي قاسِم
12. **choukr^{r}an !**	شكراً
13. **^{c}afwan !**	عفواً
14. **^{c}oużr^{r}an !**	عذراً

■ 1. Dans ce mot :
• La lettre **r**^{r} [ر] se prononce comme un **r** roulé, à la bourguignonne ou à l'italienne (cf. **Roma**).
• Le **h**^{h} [ـحـ] est fortement expiré en serrant le haut de la gorge (Cf. : le 1e son du prénom **Hassan**).
• Le **â** [ا] est une voyelle longue ; sa durée de prononciation est au moins double de celle de **a**.
2. Attention à la voyelle longue **â**.
3. Le **h**^{r} [ـخـ] se prononce avec un râclement de gorge. Penser au **j** du mot espagnol **Juan**, ou au **ch** de l'allemand **Bach**.
4. Pour réaliser la lettre ^{c} , nommée *aïn*, [ـعـ], ouvrir la bouche comme pour prononcer un **a** très profond, attaquer en contractant le fond de la gorge et en faisant résonner le haut du palais. Penser au **a** de **Ali** (Baba).
Le **a**^{h} se prononce avec une légère expiration. On ne le trouve qu'en fin de mot.
5. Ici, le **h** [ـهـ] se prononce comme un **h** très expiré. Le **r** [ـغـ] est un **r** grasseyé un peu forcé. A distinguer du **r**^{r} qui se prononce roulé à la bourguignonne.
6. Le **s̲** [ـصـ] est un **s** qui se prononce avec assombrissement du son, en arrondissant le haut du palais. La présence d'un tel son dans un mot a pour conséquence d'assombrir les autres sons.
7. La lettre **'** , nommée *hamza*, se prononce comme un coup de glotte (cette façon d'attaquer les mots commençant par une voyelle, lorsqu'il n'y a pas de liaison, comme dans : *attendre*, *ici*, *ou*). Seulement en arabe ce son est une consonne à part entière, qui peut se trouver au début, au milieu ou en fin de mot.
8. Le **z** [ـذ] se prononce comme un **z**, en plaçant la langue entre les dents. Penser au **th** du *the* anglais.
10. Le **t̲** [ـطـ] est un **t** assombri (voir la note 6).
11. Le **k̲** [ـقـ] est un **k** assombri (voir la note 6).

Prononcer et comparer avec le texte enregistré sur la cassette :

(h^{h}) ح 1. h^{h}asan, حسن 2. h^{h}alîm, حليم 3. h^{h}annâ, حنا
4. mouh^{h}ammad 5. mah^{h}âsin, محاسن

(h^{r}) خ 1. h^{r}aled, خالد 2. h^{r}amr^{r}, خمر 3. sâh^{r}in, ساخن
4. nah^{r}îl, نخيل 6. mouh^{r}h^{r}, مُخّ

(^{c}) ع 1. ^{c}alî, علي 2. ^{c}ammâr^{r} عمار 3. ^{c}ar^{r}abiy عربي
4. na^{c}îma^{h} نعيمة 5. ni^{c}mat, نعمت 6. na^{c}am نعم

(r) غ 1. rassân, غسان 2. râlib, غالب 3. naram, نغم .

(s̲) ص 1. nâs̲ir^{r}, ناصر 2. mans̲oûr^{r}, منصور
3. s̲alât, صلاة 4. bas̲al, بصل

(') ء 1. sou'âl, سؤال 2. nâ'il, نائل 3. mas'oûl, مسؤول

(z) ذ 1. żâlika, ذلك 2. każżâb, كذاب 3. malâż, ملاذ

(t̲) ط 1. t̲alâl, طلال 2. t̲aïyâr^{r}a^{h}, طيّارة 3. sat̲l, سطل .

(k̲) ق 1. k̲âla, قال 2. yak̲oûl, يقول 3. h^{h}allâk̲, حلّاق

Quelques expressions :

1. **as-salâm ^{c}alaïkoum,** *la paix soit sur vous.* السلام عليكم
2. **wa-^{c}alaïkoum as-salâm,** *sur vous aussi.* وعليكم السلام
3. **ila-l-lik̲â',** *au revoir.* إلى اللِقاء
4. **laïla^{h} sa^{c}îda^{h},** *bonne nuit.* ليلة سعيدة
5. **nahâr^{r} sa^{c}îd,** *bonne journée.* نهار سعيد
6. **ahlan wa-sahlan,** *bienvenue.* أهلاً وسهلاً
7. **na^{c}am,** *oui.* نعم
8. **kallâ / lâ,** *non.* كلا / لا
9. **t̲ab^{c}an,** *naturellement.* طبعا
10. **abadan,** *pas du tout.* أبدا

A1 Je suis

Je suis

1. français.
2. heureux.
3. content.
4. fatigué.
5. désolé.
6. étonné.
7. malade.
8. marié.
9. célibataire.

J'ai

10. faim.
11. soif.
12. peur.
13. froid.
14. sommeil.

Prononciation :

- **î, â** et **oû** (notamment ph. 2, 3 et 4) sont des sons allongés qui ont deux fois la valeur de : *i*, *a* et *ou*.
- le **d̲** ض dans **mar**[r]**îd̲** (ph. 7) se prononce comme un **d** assombri, en arrondissant le haut du palais (cf. note 6, p. 8).

anâ أنا

1. **far^{r}ansiy.** فرنسي
2. **sa^{c}îd.** سعيد
3. **masr^{r}oûr^{r}.** مسرور
4. **ta^{c}bân.** تَعْبان
5. **âsif.** آسف
6. **mouta^{c}ajjib.** مُتَعَجِّب
7. **mar^{r}îd̲.** مَريض
8. **moutazawwij.** متزوج
9. **a^{c}zab.** أعزب

anâ أنا

10. **jaw^{c}ân.** جَوْعان
11. **^{c}at̲chân.** عَطْشان
12. **h^{r}â'if.** خائف
13. **bar^{r}dân.** بَرْدان
14. **na^{c}sân.** نعسان

La hamza ou l'attaque vocalique en début de mot :
anâ âsif (ph. 5) se prononce **'anâ 'âsif**, avec attaque vocalique au début des deux mots (donc pas de liaison entre les 2 mots).
Chaque fois qu'un mot commence par une voyelle (il y en a trois en arabe: **a**, **ou** et **i**), il faut supposer une hamza, prononcée comme une attaque vocalique même en milieu de phrase :

asmâ ouh^{r}tî ('asmâ 'ouh^{r}tî), *Asmâ est ma seour*, أسمى أُختي

ah^{h}mad ibnî ('ah^{h}mad 'ibnî), *Ahmad est mon fils*, أحمد إبني

akr^{r}am abî ('akr^{r}am 'abî), *Akram est mon père*, أكرم أبي

Pour alléger la transcription nous ne signalerons la hamza (') que lorsqu'il faut lever l'ambiguité. Par contre, elle est toujours signalée en milieu de mot (**h^{r}â'if**, ph. 5).

■ *Je suis* est rendu en arabe par le pronom personnel **anâ**, أنا, *moi* : *je suis heureux* **anâ sa^{c}îd**, « moi heureux »
Cette phrase sans verbe s'appelle phrase nominale.
➲ Mais, cependant, le verbe *être* existe (cf. p. 52 et 135).

■ **Les pronoms personnels :**

moi	**anâ**	أنا	*nous*	**nah^{h}nou**	نحن
toi (m)	**anta**	أنتَ	*vous*	**antoum**	أنتم
toi (f)	**anti**	أنتِ	*vous*(f)	**antounna**	أنتنّ
lui	**houwa**	هوَ	*eux*	**houm**	هم
elle	**hiya**	هيَ	*elle*	**hounna**	هنّ

■ Le *vous* fém. et *elles* sont peu utilisés en langage courant. Désormais ils ne sont plus mentionnés.

■ *J'ai faim* : l'arabe ne dit pas *j'ai faim*, mais « je suis ayant faim », **anâ jaw^{c}ân**, أنا جوعان.. (ph. 10. 11).
➲ Mais le verbe *avoir* existe (cf. p. 16 et annexe p. 134).

■ **Le tutoiement :**
• L'arabe distingue entre le *toi* qui s'adresse à un être masculin (**anta**) et celui qui s'adresse à un féminin (**anti**).
• L'arabe n'utilise pas le *vous* de politesse. Il a recours, pour cela, à des tournures spécifiques (cf. note de la page 42).

■ *Content / contente* :
Je suis content → **anâ masr^{r}oûr^{r}**, أنا مسرور
Je suis contente → **anâ masr^{r}oûr^{r}a^{h}** أنا مسرورة
Le **a^{h}** final dans un adjectif, comme dans un nom, est signe du féminin. Il se prononce avec une légère aspiration.

■ *Es-tu ? êtes-vous ?*
Pour poser la question *est-ce que*, il suffit :
• de placer **hal** هل , en début de phrase :
Es-tu content ? **hal anta masr^{r}oûr^{r}**, ؟
• tout simplement d'accentuer la dernière syllabe.

A. Que veut dire en français ?

1. **anâ mar^{r}îd.**
2. **anâ mar^{r}îda^{h}.**
3. **houwa âsif.**
4. **hiya âsifa^{h}.**
5. **anta hâ^{r}if.**
6. **houwa bar^{r}dân.**

B. Remplacer le « tu » masc. par le « tu » fém.

1. **anta mar^{r}îd.**
2. **anta jaw^{c}ân.**
3. **anta na^{c}sân.**
4. **anta bar^{r}dân.**
5. **anta sa^{c}îd.**
6. **anta masr^{r}oûr^{r}.**

C. Comment dites-vous en arabe :

1. *Je suis malade.*
2. *Es-tu contente ?*
3. *A-t-il froid ?*
4. *A-t-elle faim ?*
5. *Je suis heureuse.*
6. *Es-tu désolée ?*

SOLUTION

A. 1. *Je suis malade (m).*
2. *Je suis malade (f).*
3. *Il est désolé.*
4. *Elle est désolée.*
5. *Tu as peur (m).*
6. *Il a froid.*

B. 1. **anti mar^{r}îda^{h}.**
2. **anti jaw^{c}âna^{h}.**
3. **anti na^{c}sâna^{h}.**
4. **anti bardâna^{h}.**
5. **anti sa^{c}îda^{h}.**
6. **anti masr^{r}oûr^{r}a^{h}.**

C. 1. **anâ mar^{r}îd.**
2. **hal anti masr^{r}oûr^{r}a^{h} ?**
3. **hal houwa bar^{r}dân ?**
4. **hal hiya jaw^{c}âna^{h} ?**
5. **anâ sa^{c}îda^{h}.**
6. **hal anti âsifa^{h} ?**

Prononciation de la hamza, rappel :

Dans **houwa âsif, hiya âsifa^{h}**, (ph. A 3 et 4) et **hal anti âsifa^{h}** ? (ph. solution C 6), les mots commençant par une voyelle doivent se prononcer avec une attaque vocalique en début de mot : **houwa 'âsif, hiya 'âsifa^{h}** et **hal 'anti 'âsifa^{h}** ?

A2 J'ai / Je n'ai pas / Avez-vous

J'ai

1. une voiture.
2. une voiture française.
3. un nouveau bureau.
4. un frère et une sœur.

Nous avons

5. deux enfants.
6. un garçon et une fille.
7. une petite maison.
8. assez de temps.

Je n'ai pas

9. une grande famille.
10. une grande maison.
11. de temps.

Avez-vous

12. des enfants ?
13. mon adresse ?
14. de la monnaie, Leila ?
15. un travail intéressant, Sami ?
16. des journaux français, madame ?

> **Rappel prononciation :**
> 1. le ^{c} (ع), dans **^{c}indî**, est un son difficile à réaliser, qui se prononce du fond de la gorge (cf. p. 8, note 4) .
> 2. le **h^{r}** (خ) (ph. 4) se prononce comme le **j** du mot espagnol **Juan** (cf. p. 8, note 3) .
> 3. Le **s̲** (ص), dans **s̲abiy** (ph. 6) et le **k̲** (ق), dans **wak̲t** (ph. 8), sont des sons assombris. Prononcer un **s** ou un **k** en relevant le haut du palais (cf. p. 8, note 6).

A2	^{c}indî / mâ ^{c}indî / hal ^{c}indakoum	عندي/ماعندي/هل عندكم

^{c}indî	**عندي**
1. **saïyâr^{r}a^{h}.**	سيّارة
2. **saïyâr^{r}a^{h} far^{r}ansiya^{h}.**	سيّارة فرنسيّة
3. **maktab jadîd.**	مكتب جديد
4. **ah^{r}h^{r} wa-'ouh^{r}t.**	أخ وأخت
^{c}indanâ	**عندنا**
5. **waladân.**	ولدانِ
6. **s̲abiy wa-bint.**	صبي وبنت
7. **baït s̲arîr^{r}**	بيت صغير
8. **wak̲t kâfî.**	وقت كافي
mâ ^{c}indî	**ما عندي**
9. **^{c}â'ila^{h} kabîr^{r}a^{h}.**	عائلة كبيرة
10. **baït kabîr^{r}.**	بيتَ كبير
11. **wak̲t.**	وقت
ħal	**هل**
12. **^{c}indakoum awlâd ?**	عندكُم أولاد ؟
13. **^{c}indakoum ^{c}ounwânî ?**	عندكم عنواني ؟
14. **^{c}indik s̲ir^{r}âfa^{h}, yâ laïlâ ?**	عندكِ صرافة، يا ليلى ؟
15. **^{c}indak ^{c}amal chaïyik̲, yâ sâmî ?**	عندكَ عمَل شيّق ، يا سامي ؟
16. **^{c}indik jar^{r}â'id far^{r}ansiya^{h}, yâ saïyida^{h} ?**	عندك جرائد فرنسية ، يا سيدة ؟

Le genre des noms :
baït, *maison*, est masculin en arabe.
Tous les noms n'ont pas forcément le même genre en arabe et en français. Pour s'assurer du genre d'un nom, il faut se reporter au lexique (voir la note explicative p. 144).

■ *J'ai* est couramment rendu en arabe par **^{c}indî,** *chez moi.* Cette locution est formée de l'adv. **^{c}ind**, *chez*, suivi de « **î** » qui est la forme que prend le pronom personnel **anâ**, *moi*, quand il est placé après le mot (on l'appelle la « forme affixe »).

j'ai	**^{c}ind-î**	عندي
tu as (m)	**^{c}inda-ka** (ou **^{c}ind-ak)**	عندَكَ
tu as (f)	**^{c}inda-ki** (ou **^{c}ind-ik)**	عندَكِ
il a	**^{c}inda-hou**	عندَهُ
elle a	**^{c}inda-hâ**	عندَها
nous avons	**^{c}inda-nâ**	عندَنا
vous avez (m)	**^{c}inda-koum**	عندَكُم
ils ont	**^{c}inda-houm**	عندهم

■ **Place de l'adjectif**, toujours après le nom :
une petite maison → **baït sarîr^{r}**, بيت صغير
une maison petite (cf. ph. 2.3.7.9 et 10).

■ **Le « duel »** : en plus du singulier et du pluriel, un 3e genre est utilisé en arabe, le duel (qui renvoie à deux) :
un enfant, **walad** → *deux enfants*, **waladân** ou **waladaïn.**

■ **Forme négative** : il suffit de placer en tête de phrase **mâ** ما (ph. 9. 10 et 11).

■ **Poser une question** : il suffit de placer **hal,** هل, *est-ce que*, en début de phrase (ph. 12 à 16), ou d'accentuer la dernière syllabe de la phrase.

■ (un) frère, (une) sœur :
pas d'article indéfini (*un*, *une*, *des*) en arabe :
frère, un frère : **ah^{r}**,
sœur, une sœur → **ouh^{r}t,**
enfants, des enfants → **awlâd** (pl. de **walad**. cf. p. 140).

A. Que veulent dire ces termes en français :

1. saïyâr^{r}a^{h}, سيّارة 2. baït, بيت 3. ah^{r}, أخ
4. ouh^{r}t, أخت 5. sabiy, صبي 6. bint, بنت

B. Que veulent dire ces expressions en français :

1. **^{c}indî sabiy.** 2. **hal ^{c}ind-ak awlâd ?**
3. **mâ ^{c}indanâ wakt.** 4. **hal ^{c}ind-ik ^{c}amal ?**
5. **mâ ^{c}indî sir^{r}âfa^{h}.**

C. Comment dites-vous en arabe :

1. *Leila, tu as une grande maison.*
2. *Nous n'avons pas d'enfants.*
3. *Sami, as-tu un frère ?*
4. *Vous n'avez pas mon adresse.*
5. *Ils ont un grand garçon.*
6. *Il a une sœur.*
7. *Elle a une voiture française.*

SOLUTION

A. 1. *une voiture* 2. *une maison* 3. *un frère*
4. *une sœur* 5. *un garçon* 6. *une fille*

B. 1. *J'ai un garçon.* 2. *As-tu* (m) *des enfants ?*
3. *Nous n'avons pas de temps.* 4. *As-tu* (f) *du travail ?*
5. *Je n'ai pas de monnaie.*

C. 1. **yâ laïlâ, ^{c}indik baït kabîr^{r}.**
2. **mâ ^{c}inda-nâ awlâd.**
3. **yâ sâmî, hal ^{c}indak ah^{r} ?**
4. **ma ^{c}inda-koum ^{c}ounwânî.**
5. **^{c}inda-houm sabiy kabîr^{r}.**
6. **^{c}inda-hâ ouh^{r}t.**
7. **^{c}inda-hâ saïyâr^{r}a far^{r}ansiya^{h}.**

Je ne suis pas

1. fatigué.
2. prêt.
3. sûr.
4. français.
5. française.

Nous ne sommes pas

6. prêts / prêtes.
7. contents / contentes.
8. pressés / pressées.

9. Ce n'est pas facile.
10. Ce n'est pas difficile.
11. Je ne suis pas sûr.
12. Il n'est pas là.
13. Elle n'est pas là.
14. Ce n'est pas sûr.
15. Ils ne sont pas contents.

Prononciation, rappel :

• le **r** (en arabe غ) se prononce comme le **r** parisien mais fortement grasseyé.

• le **'a** en milieu de mot (**muta'akkidan**, ph. 3 et 11) doit être prononcé comme une attaque vocalique marquée. C'est une consonne à part entière (cf. p. 8 , note 7).

A3 lastou لست

lastou	لَستُ
1. **ta^{c}bân.**	تعْبان
2. **jâhiz.**	جاهز
3. **mouta'akkid.**	متأكّد
4. **far^{r}ansiy.**	فرنسيّ
5. **far^{r}ansiya^{h}.**	فرنسيّة
lasnâ	لَسْنا
6. **jâhizîn / jâhizât.**	جاهزين
7. **masr^{r}ôur^{r}în / masr^{r}ôur^{r}ât.**	مسرورين
8. **mousta^{c}jilîn / mousta^{c}jilât.**	مستعجلين
9. **hâżâ laïsa sahl .**	هذا ليس سهل
10. **hâżâ laïsa sa^{c}b .**	هذا ليس صعب
11. **anâ raïr^{r} mouta'akkid.**	أنا غير متأكّد
12. **houwa raïr^{r} mawjoûd.**	هو غَيْر مَوْجود
13. **hiya raïr^{r} mawjoûda^{h}.**	هي غير مَوجودة
14. **hâżâ raïr^{r} akîd*.**	هذا غير أكيد
15. **houm raïr^{r} masr^{r}oûr^{r}în.**	هُم غير مسرورين

* **akîd** (ph. 14) *sûr*, se prononce **'akîd**. Veillez, lorsqu'une voyelle est en début de mot, à bien marquer l'attaque vocalique (') , même si ce signe n'est pas représenté.

■ Le verbe *être* à la forme négative : *ne pas être* est rendu en arabe par le verbe simple **laïsa,** لَيْسَ :

Je ne suis pas	**lastou**	لَستُ
Tu n'es pas (m)	**lasta**	لستَ
Tu n'es pas (f)	**lasti**	لستِ
Il n'est pas	**laïsa**	ليسَ
Elle n'est pas	**laïsat**	ليست
Nous ne sommes pas	**lasnâ**	لَسْنا
Vous n'êtes pas (m)	**lastoum**	لستم
Ils ne sont pas	**laïsoû**	ليسوا

■ **La négation devant un adjectif** :
Pour dire *ce n'est pas facile*, l'arabe utilise deux procédés :
• **laïsa** : **hâźâ laïsa sahl** (ph. 9 et 10).
• **raïr^{r}** : **hâźâ raïr^{r} sahl,** « ceci est non-facile » (ph. 12 à 15).
➲ Attention : ce 2e procédé ne s'utilise que devant les adjectifs.

■ **Le pluriel régulier** :
• **Masr^{r}oûr^{r}în, jâhizîn, mousta^{c}jilîn** ou **far^{r}ansiyîn** (ph. 6-8) sont le pluriel de **masr^{r}oûr^{r}, jâhiz, mousta^{c}jil.** et **far^{r}ansiy.** Cette forme de pluriel s'appelle : <u>pluriel masculin régulier</u>. Pour le former, il suffit d'ajouter **în** à la fin du mot.
• **Masr^{r}oûr^{r}ât, jâhizât, mousta^{c}jilât** ou **far^{r}ansiyât** sont le pluriel de **masr^{r}oûr^{r}a^{h}, jâhiza^{h}, mousta^{c}jila^{h}** et **far^{r}ansiya^{h}.** Cette forme s'appelle <u>pluriel féminin régulier</u>. Pour la former, il suffit d'ajouter **ât** après la dernière consonne du mot (le **y** est considéré comme consonne.

> **Dialectal** : à côté de la langue écrite, il existe une langue orale de communication appelée **dialectal** (voir p. 134).

A. Compléter avec laïsa, ليس :

1. sâmi ... jaw^{c}ân. 2. laïlâ... hounâ (*ici*)
3. (anâ)... mousta^{c}jil. 4. hâżâ... sahl.

B. Compléter avec raïr^{r}, غير :

1. anâ... mousta^{c}jil. 2. hiya... bar^{r}dâna^{h}.
3. sâmî... mouta'akkid. 4. laïlâ... mouta'akkida^{h}.

C. Compléter avec laïsa (attention au pl.) :

1. (nah^{h}nou)... bar^{r}dân... 2. (antum) mouta'akkid...
3. (houm)... mawjoûd... 4. (houm)... mousta^{c}jil...

D. Comment dites-vous en arabe :

1. *Laïla n'est pas fatiguée.* 2. *Laïla n'est pas ici.*
3. *Nous n'avons pas faim.* 4. *Je ne suis pas sûr.*

SOLUTION

A. 1. sâmî laïsa jaw^{c}ân. 2. laïlâ laïsat hounâ (*ici*).
3. lastou mousta^{c}jil. 4. hâżâ laïsa sahl.

B. 1. anâ raïr^{r} mousta^{c}jil. 2. hiya raïr^{r} bar^{r}dâna^{h}.
3. sâmî raïr^{r} mouta'akkid. 4. laïlâ raïr^{r} mouta'akkida^{h}.

C. 1. lasnâ bar^{r}dânîn. 2. lastoum mouta'akkidîn.
3. laïsoû mawjoûdîn. 4. laïsoû musta^{c}jilîn.

D. 1. laïlâ laïsat ta^{c}bâna^{h} / laïlâ raïr^{r} ta^{c}bâna^{h}.
2. laïlâ laïsat hounâ.
3. lasnâ jaw^{c}ânîn.
4. lastou mouta'akkid / anâ raïr^{r} mouta'akkid.

Dialectal : à la place de **lastou**, le dialectal utilise **mech** ou **moû** : **anâ moû/mech za^{c}lân,** *je ne suis pas fâché.*

A4 Où est ? / Où sont ?

Où est

1. la poste ?
2. l'hôtel ?
3. le café ?
4. la banque ?
5. la mosquée ?
6. l'aéroport ?
7. la gare ?
8. la boutique ?
9. ta femme ?
10. ton mari ?
11. son école (à lui) ?
12. sa voiture (à elle) ?

Où sont

13. nos hôtes ?
14. mes lunettes ?
15. mes chaussures ?
16. tes livres (Sami) ?
17. vos enfants ?
18. leurs affaires ?
19. leurs bagages ?

Prononciation :
• **ż** (en arabe ظ) est un ż (ذ) qui se prononce avec un certain assombrissement de la voix, en relevant le haut du palais, comme le **d**, **t**, **s** et **k** (soit : ق، ص، ط، ض ; cf p. 8, note 6).
Ces sons sont dits, en arabe, sons "emphatiques".
Prononciation du possessif : lorsque le mot se trouvant avant le possessif se termine par une consonne, souvent, en langage parlé,
• on ajoute, avant les possessifs **hou, hâ, nâ, koum** et **houm** (ph.

A4 aïna ? أين ؟

aïna- أَيْنَ

1. **l-bar^{r}îd** ? البريد ؟
2. **l-foundouk** ? الفُنْدُق ؟
3. **l-makhâ** ? المقهى ؟
4. **l-masr^{r}af** ? المصرف ؟
5. **l-jâmi^{c}** ? الجامِع ؟
6. **l-matâr^{r}** ? المطار ؟
7. **l-mah^{h}atta^{h}** ? المَحطّة ؟
8. **d-doukkân** ? الدُكّان ؟
9. **zawjat-ak** ? زوجتك ؟
10. **zawj-ik** ? زوجِك ؟
11. **madr^{r}asatø-hou** ? مدرَسَتُه ؟
12. **saïyâr^{r}atø-hâ** ? سيارتها ؟

aïna- أين

13. **douyoûfø-nâ** ? ضيوفنا ؟
14. **nazzâr^{r}âtî** ? نَظّاراتي ؟
15. **h^{h}izâ'î** ? حذائي ؟
16. **koutoub-ak** ? كُتُبك ؟
17. **awlâdø-koum** ? أولادكم ؟
18. **arr^{r}âdø-houm** ? أغراضهم ؟
19. **h^{h}akâ'ibø-houm** ? حقائبهم ؟

11-13 et 17-19) afin de faciliter la liaison, comme un **e**. Nous représentons ce son par **ø** , car sa valeur peut plus ou moins varier d'un contexte à l'autre. D'autant plus qu'il remplace les voyelles de la déclinaison (**a**, **ou**, et **i** placés en fin de mot) obligatoires en arabe écrit (cf. p. 3 et 134).

• **ka** et **ki** deviennent **ak** et **ik** : **zawjat-ak**, pour **zawjatø-ka**, *ta femme* et **zawj-ik** pour **zawjø-ki**, *ton mari* (ph. 9 et 10).

Mais le **î** se lie normalement au mot précèdant (ph. 14 et 15).

■ *Où* ?

Où se traduit par **aïna**, أين placé en tête de phrase. Cela n'entraîne aucun changement dans l'ordre de la phrase.

■ **L'article défini** :

L'article défini (*le, la, les, l'*) est rendu en arabe par **al** (ال) placé avant le mot et accolé à lui :

foundouk, (*un hôtel*) → **al-foundouk**, *l'hôtel*
mah^{h}atta^{h}, (*une gare*) → **al-mah^{h}atta^{h}**, *la gare*
awlâd, (*des enfants*)→ **al-awlâd**, *les enfants*

• **La liaison** : en milieu de phrase, la 1e lettre de l'article ne se prononce pas (mais elle s'écrit en arabe) :

où est le courrier, **aïna-l-bar^{r}îd** ? et non **aïna al-bar^{r}îd** ?

• **L'élision** : en milieu de phrase, lorsque l'article **al** se trouve devant certaines lettres (appelées, en arabe, « lettres solaires ») il ne se prononce pas du tout. Il est remplacé par le redoublement de la lettre devant laquelle il se trouve :

où est la boutique ? se dit **aïna-d-doukkân** ?
et non : **aïna-l-doukkân** ? ou **aïna al-doukkân** ?

■ **Le possessif** :

Pour dire *mon livre*, l'arabe dit **kitâbî**, « le livre de moi », en accolant, à la fin du mot **kitâb**, le **î** qui est la "forme affixe" du pronom (cf. p. 16).

mon, ma, mes : **-î**, ـي	*notre, nos* : **-nâ**, ـنا
ton, ta, tes (Sami) : **-ka**, ـكَ	*votre, vos* : **-koum**, ـكُم
ton, ta, tes (Leila) : **-ki**, ـكِ	
son, sa, ses (à lui) : **-hou**, ـهُ	*leur, leurs* : **-houm**, ـهُم
son, sa, ses (à elle) : **-hâ**, ـها	

➲ Les adjectifs possessifs, en arabe, dépendent du genre du possesseur et non du possédé.

A. Comment dites-vous en arabe :

1. *La mosquée.*
2. *Où est la mosquée ?*
3. *L'aéroport.*
4. *Où est l'aéroport ?*
5. *La boutique.*
6. *Où est la boutique* ?
7. *La rue* (**ach-chârî^{c}**).
8. *Où est la rue ?*
9. *Mon mari*
10. *Ma femme.*
11. *Ton hôtel* (Sami).
12. *Tes enfants* (Sami).
13. *Ta banque* (Leila)
14. *Ton bureau* (Leila)
15. *Où est ta voiture(Sami) ?*
16. *Tes livres* (Leila).
17. *Où sont nos enfants ?*
18. *Où sont nos livres ?*
19. *Où sont tes lunettes* (Sami) ?

B. Que veut dire en français :

1. **aïna-l-makhâ** ? أين المقهى
2. **aïna-l-baït** ? أين البيت
3. **aïna-s-saïyâr^{r}a^{h}** ?
4. **aïna-d-doukkân** ?

SOLUTION

A.

1. **al-jâmi^{c}.**
2. **aïna-l-jâmi^{c}.**
3. **al-matâr^{r}.**
4. **aïna-l-matâr^{r}.**
5. **ad-doukkân.**
6. **aïna-d-doukkân** ?
7. **ach-chârî^{c}.**
8. **aïna-ch-chârî^{c}** ?
9. **zawjî.**
10. **zawjatî.**
11. **foundouk-ak**
12. **awlâd-ak.**
13. **masr^{r}af-ik.**
14. **maktab-ik**
15. **aïna saïyâr^{r}at-ak** ?
16. **koutoub-ik.**
17. **aïna awlâdø-nâ** ?
18. **aïna koutoubø-nâ** ?
19. **aïna nazzâr^{r}ât-ak** ?

B.

1. *Où est le café ?*
2. *Où est la maison ?*
3. *Où est la voiture ?*
4. *Où est la boutique ?*

A5 Il y a

Il y a

1. un problème difficile.
2. un restaurant bon marché.
3. un train à six heures.
4. de l'essence dans la voiture.
5. du sucre dans le café.

Y a-t-il

6. une piscine à l'hôtel ?
7. un train à sept heures ?
8. un cinéma dans le quartier ?
9. une pharmacie ici .
10. un téléphone dans votre bureau ?

Il n'y a pas

11. de train à huit heures.
12. d'essence dans la voiture.
13. de cinéma dans le quartier.
14. d'aéroport proche d'ici.
15. de musée intéressant dans cette ville.
16. de place là-bas.
17. de grandes librairies ici.

Prononciation :

• le **ṡ** (en arabe ث) se prononce **s** avec la langue entre les dents. Penser au **th** du mot anglais *think*. A distinguer du **ż** (en ar. ذ) qui se prononce comme le **th** du mot anglais *that*.

• le **z** (en ar. ز) se prononce comme un **z** normal (*zèle*, *zèbre*...)

youĵad يوجَد

1. mouchkila^{h} s̲a^{c}ba^{h}. مُشكلة صعبة
2. mat̲^{c}am r^{r}ah^{r}îs̲. مَطعَم رخيص
3. k̲it̲âr^{r} ^{c}ala-s-sâ^{c}a^{h} sitta^{h}. قطار على السّاعة سِتَّة
4. benzîne fi-s-saïyâr^{r}a^{h} بَنزين في السَّيّارة
5. soukkar^{r} fi-l-k̲ahwa^{h} سُكّر في القَهْوة

hal youĵad هل يوجد

6. masbah^{h} fi-l-foundouk̲ ? مسبح في الفندق ؟
7. k̲it̲âr^{r} ^{c}ala-s-sâ^{c}a^{h} sab^{c}a^{h} ? قطار على الساعة ٧؟
8. sînémâ fi-l-h^{h}aï ? سينما في الحيّ؟
9. s̲aïdaliya^{h} hounâ ? صيدليّة هنا ؟
10. hâtif fî maktab-ak ? هاتف في مكتبك؟

lâ youĵad لا يوجد

11. k̲it̲âr^{r} ^{c}ala-s-sâ^{c}a^{h} ṡamâniya^{h} قطار على الساعة ٨
12. benzîn fi-s-saïyâr^{r}a^{h}. بَنزين في السيّارة
13. sînémâ fi-l-h^{h}aï. سينما في الحي
14. mat̲âr^{r} k̲ar^{r}îb min hounâ. مطار قريب من هنا
15. math^{h}af mouhimm fi-l-madîna^{h}. متحف مهم في المدينة
16. makân hounâka. مكان هناك
17. maktabât kabîra^{h} hounâ. مكتبات كبيرة هنا .

> **Prononciation de fî, ^{c}alâ...**
> **fî**, *dans* se termine par une voyelle longue (cf. ph. 10). Mais lorsqu'il se trouve devant l'article, *celle-ci* se prononce comme une voyelle brève : **fi-l-foundouk̲**, *dans l'hôtel* (ph. 6), et non **fî-l-foundouk̲**.
> Il en est de même de **^{c}alâ**, *à* (ph. 3. 7 et 11) et de tout mot se terminant par une voyelle longue.

■ *Il y a* est rendu en arabe par : **yoûjad** **يوجد** + un nom (ne portant pas l'article **al,** **ال**) :

youjad r^{r}ajoul ^{c}ala-l-bâb, *il y a un homme à la porte.*

■ *Y a-t-il* ? est rendu par **hal youjâd** ?, **هل يوجد ؟**.

■ *Il n'y a pas* est rendu par **lâ-youjad,** **لا يوجد**.

➲ Veiller à prononcer **lâ** lié au mot suivant. Sinon le sens de la phrase s'inverse ; **lâ, yoûjad** signifierait *non, il y a.*

■ **L'accord de l'adjectif avec le nom pluriel** :
Dans **maktabât kabîr^{r}a^{h}**, *de grandes librairies*, le nom **maktabât** est au pluriel (son singulier est **maktaba^{h}**), mais l'adjectif **kabîr^{r}a^{h}** est au singulier. En effet, lorsqu' un nom, masculin ou féminin, ne renvoyant pas à une personne humaine (*chose*, *plante*, *animal*, *idée*...), se met au pluriel, l'adjectif reste au singulier, mais il prend le signe du féminin, et ce, quel que soit le genre du nom auquel il est lié. Ainsi : **masbah^{h}**, *piscine*, est masculin en arabe, mais *de belles piscines* se dira **masâbih^{h} jamîla^{h}**, et non **masâbih^{h} jamîlât**.

➲ Pour connaître le pluriel des noms et adjectifs, il faut se reporter au lexique (en tenant compte de la note explicative de la page 144).

➡ **Retenez aussi : les nombres** (voir pp. 142 - 143)

1	**wâh^{h}id**	**واحد**	6	**sitta^{h}**	**ستة**
2	**iṡnân**	**اثنان**	7	**sab^{c}a^{h}**	**سبعة**
3	**ṡalâṡa^{h}**	**ثلاثة**	8	**ṡamânia^{h}**	**ثمانية**
4	**ar^{r}ba^{c}a^{h}**	**أربعة**	9	**tis^{c}a^{h}**	**تسعة**
5	**h^{r}amsa^{h}**	**خمسة**	10	**^{c}achr^{r}a^{h}**	**عشرة**

> **Dialectal** : Pour exprimer *il y a* et *il n'y a pas*, le dialectal utilise à la place de **yoûjad/lâ yoûjad**, **fih/mâ fih** en Orient, et **kâ'in/mâkânch** dans le Maghreb.

A. Que veut dire en français :

1. **yoûjad saïdaliya^{h} hounâ.**
2. **yoûjad kitâr^{r} al-'ân.**
3. **hounâka mat^{c}am r^{r}ah^{r}îs.**
4. **lâ yoûjad benzîn fi-s-saïyâr^{r}a^{h}.**
5. **lâ yoûjad mouchkila^{h}.**
6. **hal yoûjad jar^{r}â'id far^{r}ansiya^{h} ?**

B. Comment dites-vous en arabe :

1. *Il y a un train à 9h.*
2. *Il y a des journaux arabes.*
3. *Il y a un bon restaurant.*
4. *Il n'y a pas de problème.*
5. *Il n'y a pas de sucre.*
6. *Il y a un train maintenant.*
7. *Il n'y a pas de temps.*
8. *Y a-t-il du travail ?*
9. *Y a-t-il de la monnaie ?*
10. *Y a-t-il un hôtel près d'ici ?*
11. *Y a-t-il des journaux français ?*

SOLUTION

A.

1. *Il y une pharmacie ici.*
2. *Il y a un train maintenant.*
3. *Il y a un restaurant bon marché.*
4. *Il n'y a pas d'essence dans la voiture.*
5. *Il n'y a pas de problème.*
6. *Y a-t-il des journaux français ?*

B.

1. **yoûjad kitâr^{r} ^{c}ala-s-sâ^{c}a^{h} tis^{c}a^{h}.**
2. **yoûjad jar^{r}â'id ^{c}arabiya^{h}.**
3. **yoûjad mat^{c}am jaïyid .**
4. **lâ yoûjad mouchkila^{h}.**
5. **lâ yoûjad soukkar^{r}.**
6. **yoûjad kitâr^{r} al-'ân.**
7. **lâ yoûjad wakt.**
8. **hal yoûjad ^{c}amal ?**
9. **hal yoûjad sir^{r}âfa^{h} ?**
10. **hal yoûjad foundouk karîb min hounâ ?**
11. **hal yoûjad jar^{r}â'id far^{r}ansiya^{h} ?**

A6 Le mari de Samia

1. Le mari de Samia est médecin.
2. La femme de Sami est avocate.
3. Le costume de Kamel est neuf.
4. La robe de Salma est jolie.
5. Le chapeau de la dame est joli.
6. Le nom de famille est Jaza'iri.
7. La voiture du médecin est là.
8. Sa voiture est là.

C'est

9. la clé de notre maison.
10. le chien de notre voisin.
11. mon cousin (le fils de mon oncle paternel).
12. ma cousine (la fille de ma tante maternelle).
13. la chambre des garçons.
14. à moi.

Où est

15. ma cravate (le nœud de mon cou) ?
16. le chauffeur du taxi du médecin ?

17. Quand est votre anniversaire (la fête de ta naissance)?
18. Est-ce que c'est à toi ?

Prononciation . La voyelle de liaison avant l'article :
Le ø final de **Koubba^{c}atø**, *chapeau* (ph. 5) se prononce **é**. En effet :
• lorsqu'un mot se terminant par une consonne se trouve devant l'article, l'arabe parlé place entre les deux comme un **é**. Nous représentons ce son par ø , car sa valeur peut plus ou moins varier

A6 zawj sâmiya^{h} — زوج سامية

1. zawj sâmiya^{h} tabîb. — زوج سامية طبيب
2. zawjat sâmî mouh^{h}âmiya^{h}. — زوجة سامي محامية
3. takm kâmil jadîd. — طقم كامل جديد
4. foustân salmâ jamîl. — فستان سلمى جميل
5. koubba^{c}atø-s-saïyida^{h} jamîla^{h}. — قبّعة السيدة جميلة
6. ismø-l-^{c}â'ila^{h} jazâ'ir^{r}iy. — اسم العائلة جزائري
7. saïyârø-t-tabîb hounâ. — سيّارة الطبيب هنا
8. saïyâr^{r}atø-hou hounâ. — سيارته هنا

hâżâ / hâżihi — هذا / هذه

9. hâżâ miftâh^{h} baïtø-nâ. — هذا مفتاح بيتنا
10. hâżâ kalb jâr^{r}ø-nâ. — هذا كلب جارنا
11. hâżâ ibn ^{c}ammî. — هذا ابن عمي
12. hâżihi ibnat h^{r}âlî. — هذه ابنة خالتي
13. hâżihi rour^{r}fatø-s-sibyân. — هذه غرفة الصبيان
14. hâżâ lî. — هذا لي .

aïna — أين

15. r^{r}abtat ^{c}ounoukî ? — ربطة عنقي؟
16. sâ'ik taxi-t-tabîb ? — سائق تاكسي الطبيب؟

17. matâ ^{c}îd mîlâd-ak ? — متى عيد ميلادك ؟
18. hal hâżâ la-ka ? — هل هذا لك ؟

d'un contexte à l'autre. D'autant plus qu'il remplace les voyelles de la déclinaison (**a**, **ou**, et **i** placées en fin de mot) obligatoires en arabe écrit (cf. p. 3 et 134 et revoir p. 23).

• lorsque la dernière lettre du mot placé avant l'article est une voyelle longue, celle-ci de longue devient brève (cf. note p. 27).

■ **Le complément de nom :**
En arabe, le complément de nom se place directement après le nom, sans préposition :
saïyâr^{r}at sâmî, سيّارة سامي, *la voiture de Sami.*
➲ Règle importante : un nom, placé devant un complément de nom, n'est jamais affecté de l'article :
saïyâr^{r}at sâmî, سيّارة سامي, m. à m. « voiture de Sami »

➲ **Attention** : *femme* se dit **zawja^{h}** ; mais *ma femme* et *la femme de Sami* se disent **zawjatî** et **zawjat sâmî** (le **a^{h}** se transforme en **at** devant un complément de nom ou un possessif).

■ **La phrase nominale** :
Le plus souvent l'arabe n'exprime pas le verbe *être* :
le mari de Salma est médecin →
zawj salma ṯabîb, « le mari de Samia médecin »

■ **Pronom démonstratif** :
c'est mon cousin, **hâżâ ibn ^{c}ammî**, « celui-ci est... »
c'est ma cousine, **hâżihi ibnat h^{r}âlatî**, « celle-ci est...»
hâżâ, هذا, *celui-ci* et **hâżihi**, هذه, *celle-ci.*

➡ **Retenez aussi : les termes de parenté :**
abî, أبي / **oummî,** أمّي : *mon père / ma mère*
ah^{r}î, أخي / **ouh^{r}tî,** أختي : *mon frère /ma sœur*
^{c}ammî عمّي, **^{c}ammatî** عمّتي : *mon oncle/ma tante* (paternel)
h^{r}âlî, خالي, **h^{r}âlatî,** خالتي : *mon oncle/ma tante* (maternel)
• **Comment dire** *cousin* **et** *cousine :*
issus de l'oncle paternel (عمي) : **ibn ^{c}ammî /ibnat ^{c}ammî**
issus de l'oncle maternel (خالي) : **ibn h^{r}âlî /ibnat h^{r}âlî**
issus de la tante paternelle (عمتي) : **ibn ^{c}ammatî/ibnat ^{c}ammatî**
issus de la tante maternelle (خالتي): **ibn h^{r}âlatî/ibnat h^{r}âlatî**

A. Compléter avec hâżâ ou hâżihi :

1\. ... **zawjatî** 2. ... **zawjî.** 3. ... **ibnî**
4\. ... **ibnatî** 5. ... **abî** 6. ... **oummî**

B. Comment dites-vous en arabe :

1. *La maison de Leila.*
2. *La voiture de Hassan.*
3. *La chambre de Sami.*
4. *La clé de la maison.*
5. *La voiture du médecin est neuve.*
7. *La chambre des enfants est grande.*

C. Que veut dire en français :

1\. **ism ibnø-hâ Sami** 2. **ism ^{c}â'ilatø-nâ ^{c}abdalla.**
3\. **miftah^h baïtø-koum hounâ** 4. **hal hâza zawj ouh^{r}t-ak ?**

SOLUTION

A. 1. **hâżihi zawjatî** 2. **hâżâ zawjî.** 3. **hâżâ ibnî**
4\. **hâżihi ibnatî** 5. **hâżâ abî** 6. **hâżihi oummî.**

B. 1. **baït laïlâ**
2\. **saïyâr^{r}at h^{h}asan**
3\. **rour^{r}fat sâmî**
4\. **miftâh^{h}ø-l-baït**
5\. **saïyâratø-ṯ-ṯabîb jadîda^h**
6\. **rour^{r}fatø-l-awlâd kabir^{r}a^h.**

C. 1. *Son fils s'appelle (le nom de son fils) Sami*
2\. *Notre nom de famille (le nom de notre famille) est Abdallah.*
3\. *La clé de votre maison est là.*
4\. *Est-ce le mari de ta sœur.*

A7 J'aime / Je n'aime pas

J'aime

1. la Tunisie.
2. le Liban.

J'aime

3. voyager (le voyage).
4. lire (la lecture).
5. me lever tôt.
6. la campagne.
7. la mer.
8. conduire (les voitures).
9. le foot-ball.

Aimez-vous (**aimes-tu,** à Sami)

10. le café arabe ?
11. l'arak libanais ?
12. le thé à la menthe ?

Aimez-vous (**aimes-tu,** à Leila)

13. le sport ?
14. la musique classique ?

Je n'aime pas

15. la pluie.
16. le brouillard.
17. le temps froid.

- L'arabe n'utilise pas le *vous* de politesse. Il l'exprime par d'autres tournures (cf. note de la page 42).

A7 ouh^{h}ibb / lâ ouh^{h}ibb — أحب/لا أحب

ouh^{h}ibb — **أحبّ**

1. toûnis — تونس
2. loubnân — لبنان

ouh^{h}ibbø- — **أحبّ**

3. s-safar^{r} — السّفَر
4. l-kir^{r}â'a^{h} — القِراءَة
5. n-nouhoûd bâkir^{r}an — النّهوض باكِرًا
6. r^{r}-r^{r}îf — الريف
7. l-bah^{h}r^{r} — البحر
8. kiyâdatø-s-saïyâr^{r}ât — قيادةَ السّيّارات
9. kour^{r}atø-l-kadam — كُرةَ القدَم

hal touh^{h}ibbø- — **هل تُحبّ**

10. l-kahwa-l-^{c}arabiya^{h} ? — القهوة العربية؟
11. l-^{c}arakø-l-loubnâniy ? — العرق اللبناني؟
12. ch-châï bi-n-na^{c}nâ^{c} ? — الشاي بالنعناع ؟

hal touh^{h}ibb-îna- — **هل تُحبّين**

13. r^{r}-r^{r}iyâda^{h} ? — الرياضة ؟
14. l-moûsîka-l-klâsîkiya^{h} ? — الموسيقى الكلاسيكية؟

lâ ouh^{h}ibbø-* — **لا أحبُّ**

15. l-matar^{r} — المطَر
16. d-dabâb — الضّباب
17. t-taksø-l-bâr^{r}id — الطقس البارد

* Prononcez, bien sûr, **lâ 'ouh^{h}ibbø**

■ La conjugaison du verbe à l'« inaccompli », temps correspondant au présent (cf. p. 136-137).

j'aime	**ouh^{h}ibb**	*nous aimons*	**nouh^{h}ibb**
tu aimes (m)	**touh^{h}ibb**	*vous aimez*	**touh^{h}ibboûn**
tu aimes (f)	**touh^{h}ibbîn**		
il aime	**youh^{h}ibb**	*ils aiment*	**youh^{h}ibboûn**
elle aime	**touh^{h}ibb**		

➲ Le sujet est exprimé par la première lettre du mot :
anâ ouh^{h}ibb signifie *moi, j'aime.*
L'arabe distingue entre le *tu* masculin et le *tu* féminin.

■ **Liaison** : lorsque le verbe est suivi de l'article, l'arabe parlé place un **é** de liaison (représenté par ø) entre les deux :
ouh^{h}ibb al-kir^{r}â'a^{h} → **ouh^{h}ibbø-l-kir^{r}â'a^{h}**
j'aime la lecture (cf. note p. 30).

■ Pour poser une question, on utilise :
• **hal** + verbe + complément
hal touh^{h}ibb misr^{r} ? *aimez-vous l'Egypte* ?
• tout simplement on accentue la dernière syllabe.

■ Pour dire *ne... pas*, on utilise la construction suivante :
lâ + verbe + complément
je n'aime pas les chiens = **lâ ouh^{h}ibbø-l-kilâb**

➲ **lâ, lâ ouh^{h}ibbø-l-kilâb**, signifie *non, je n'aime pas les chiens.*

■ **L'adjectif** : l'adjectif se place toujours après le nom. Il prend l'article lorsque celui-ci est déterminé (par l'article) :
une musique classique, **moûsîkâ clâsikiya^{h}**,
la musique classique, **al-moûsîkâ al-clâsikiya^{h}**

➲ prononciation normale : **al-moûsîka-l-clâsikiya^{h}**.

A. Mettre à la forme négative :

1. **ouh^{h}ibbø-l-kahwa^{h}.**
2. **youh^{h}ibbø-l-kahwa^{h}.**
3. **touh^{h}ibbø-ch-châï.**
4. **touh^{h}ibbîn toûnis..**
5. **touh^{h}ibboûn loubnân.**
6. **nouh^{h}ibb misr.**

B. Poser une question :

1. **ouh^{h}ibbø-r^{r}-r^{r}iyâda^{h}**
2. **youh^{h}ibbø-s-safar^{r}**
3. **ouh^{h}ibbø-ch-châï.**
4. **ouh^{h}ibbø-l-bah^{h}r^{r}**
5. **nouh^{h}ibbø-r^{r}-r^{r}îf.**
6. **youh^{h}ibboûn soûr^{r}iya^{h}** (Syrie)

C. Comment dites-vous en arabe :

1. *J'aime le thé sans* (bi-doûn) *sucre.*
2. *Je n'aime pas le café avec* (bi) *sucre.*
3. *Aimes-tu le football ?*
4. *Aimes-tu (f) le café arabe ?*
5. *Aimes-tu (f) le Coca-Cola ?*
6. *Aimes-tu la lecture ?*

SOLUTION

A.
1. *J'aime le café.*
2. *Il aime le café.*
3. *Tu aimes le thé.*
4. *Tu aimes (f) la Tunisie/Tunis.*
5. *Vous aimez le Liban.*
6. *Nous aimons l'Egypte.*

B.
1. **hal touh^{h}ibbø-r^{r}-r^{r}iyâda^{h}**
2. **hal youh^{h}ibbø-s-safar^{r}**
3. **hal touh^{h}ibbø-ch-châï.**
4. **hal touh^{h}ibbø-l-bah^{h}r^{r}** ?
5. **hal touh^{h}ibboûna-r^{r}-r^{r}îf** ?
6. **hal youh^{h}ibboûn soûr^{r}iya^{h}** ?

C.
1. **ouh^{h}ibbø-ch-châï bi-doûn soukkar^{r}** ?
2. **lâ ouh^{h}ibbø-l-kahwa^{h} bi-soukkar^{r}** ?
3. **hal touh^{h}ibb kour^{r}atø-l-kadam** ?
4. **hal touh^{h}ibbîna-l-kahwa^{h}-l-^{c}ar^{r}abiya^{h}** ?
5. **hal touh^{h}ibbø-l-coca-coûlâ** ?
6. **hal touh^{h}ibbø-l-kir^{r}â'a^{h}** ?

au lieu de **lâ ouh^{h}ibb**, **mâ ouh^{h}ibb** ou **mâ ouh^{h}ibch.**

Est-ce que

1. c'est vrai ?
2. c'est possible ?
3. c'est difficile ?
4. ce taxi est libre ?
5. ce téléphone fonctionne ?
6. vous avez... ?
7. tu es occupé ?
8. tu la connais ?

Qu'est-ce que

9. vous faites (Sami) ?
10. vous dites (Sami) ?
11. vous buvez (Leila) ?
12. vous préférez (Leila) ?

Quel(le) est

13. votre avis (que pensez-vous de) ?
14. son nom (comment s'appelle-t-il) ?
15. son métier (qu'est-ce qu'elle fait) ?
16. votre fonction ?
17. ce bruit ?

18. Qu'est-ce que c'est ?
19. Qui est-ce (pour un homme) ?
20. Qui est-ce (pour une femme) ?

Prononciation : **hâżâ** devient **hâża** (la voyelle longue devenant brève) devant l'article (ph. 5; cf. note de la page 27).

As hal ?/mâżâ ?/mâ ? — هل ؟/ماذا ؟/ما ؟

hal — هل

1. **hâżâ sah^{h}îh^{h} ?** — هذا صحيح ؟
2. **hâżâ moumkin ?** — هذا مُمكن ؟
3. **hâżâ s̲a^{c}b ?** — هذا صعْب ؟
4. **hâżihi-t-taxî h^{h}our^{r}r^{r}a^{h} ?** — هذه التاكسي حرة ؟
5. **hâża-l-hâtif ya^{c}mal ?** — هذا الهاتف يعمل ؟
6. **^{c}indakoum... ?** — عندكُم... ؟
7. **anta machroûl ?** — أنت مشغول؟
8. **ta^{c}r^{r}ifø-hâ ?** — تعرفها ؟

mâżâ — ماذا

9. **ta^{c}mal ?** — تعمل ؟
10. **tak̲oûl ?** — تقول ؟
11. **tachr^{r}abîn ?** — تشربين ؟
12. **toufad̲d̲ilîn ?** — تُفَضّلين ؟

mâ — ما

13. **r^{r}a'y-ak ?** — رأيك ؟
14. **s-mø-hou ?** — اسمه ؟
15. **houwa ^{c}amalø-hâ ?** — هو عملها ؟
16. **hiya waż̲îfat-ak ?** — هي وظيفتك؟
17. **hażihi-d̲-d̲ajja^{h} ?** — هذه الضجّة ؟

18. **mâ hâżâ ?** — ما هذا ؟
19. **man hâżâ ?** — من هذا ؟
20. **man hâżihi ?** — من هذه ؟

■ **hal** هل, *est-ce que*, et **mâżâ** ماذا, *qu'est-ce que*, se placent en début de phrase sans y introduire aucune sorte de modification (ph. 1 à 8 et 9 à 12).

■ *Quel(le) est* ? est rendu en arabe par la forme invariable **mâ** ما , suivi du nom (ph. 13.14).
Entre les deux, on peut intercaler **houwa** هو (ph. 15) ou **hiya** هي (ph. 16), selon que le nom est masculin ou féminin.

■ **Le démonstratif :**
• le pronom neutre (*ce*, *ceci*) est rendu par **hâżâ** (ph. 1. 2 et 3),
• les pronoms *celui-ci*, *celle-ci*, et *ceux-ci* sont rendus par : **hâżâ** هذا et **hâżihi** هذه et **hâ'oulâ'** (ph. 19 et 20, cf. p. 32),
• l'adjectif démonstratif (*ce, cette, ces*) est rendu par ces mêmes formes suivies immédiatement de l'article **al** :

ce téléphone = **hâża-l-hâtif**, هذا الهاتف,
cette fille = **hâżihi-l-bint**, .هذه البنت,
ces enfants = **hâ'oulâ' ø-l-awlâd**, هؤلاء الاولاد.

■ **Le pronom personnel complément d'objet direct** (cod) : dans **ta^{c}r^{r}if-ø-hâ**, « tu connais elle » (ph. 8), **ta^{c}r^{r}if**, *tu connais* et **hâ**, *elle*. Le pronom cod se met donc après le verbe, accolé à lui (forme « affixe » cf. pp. 16 et 24). Le ø se prononce e comme devant certains possessifs (cf. p. 23).
Voici les formes du pronom affixe après le verbe :

il me connaît : **ya^{c}r^{r}ifø-nî**	*il nous connaît* : **ya^{c}r^{r}if-ø-nâ**
il te connaît : **ya^{c}r^{r}if-ø-ka**	*il vois connaît* : **ya^{c}r^{r}if-ø-koum**
il te connaît(f) : **ya^{c}r^{r}if-ø-ki**	
il le connaît : **ya^{c}r^{r}if-ø-hou**	*il les connaît* : **ya^{c}r^{r}if-ø-houm**
il la connaît : **ya^{c}r^{r}if-ø-hâ**	

➡ **Retenez aussi** :
hal hâżâ s̲ah^{h}îh^{h} 'aw h^{r}at̲a', *est-ce vrai ou faux ?*

A. Comment dites-vous en arabe :

1. *Est-ce vrai ?*
2. *Est-ce possible ?*
3. *Que faites-vous ?*
4. *Que dit-elle ?*
5. *Avez-vous une voiture ?*
6. *Que préfèrent-ils ?*
7. *Quel est son nom ?*

B. Reliez les phrases correspondantes :

1. *cette voiture* — a. **hâżihi saïyâr^{r}a^{h}, هذه سيارة**
2. *c'est une voiture* — b. **hâżâ walad, هذا ولد**
3. *cet enfant* — c. **hâżihi-s-saïyâr^{r}a^{h}, هذه السيارة**
4. *c'est un enfant* — d. **ouh^{h}ibb hâża-l-kitâb**
5. *j'aime ce livre* — e. **hâża-l-walad, هذا الولد**

C. Que veut dire en français :

1. **hal hâżihi saïyâr^{r}at-ak** ? هل هذه سيّارتك ؟.
2. **hal hâżâ baït-ak** ? هل هذا بيتك ؟.
3. **hal hâża kitâb-ak** ? هل هذا كتابك
4. **mâżâ tachr^{r}ab** ? ماذا تشرب ؟
5. **hal a^{c}r^{r}if-ak** ? هل اعرفك ؟

SOLUTION

A. 1. **hal hâżâ sah^{h}îh^{h}**
2. **hal hâżâ moumkin** ?
3. **mâżâ ta^{c}mal** ?
4. **mâżâ takoûl** ?
5. **hal ^{c}ind-ak saïyâr^{r}a^{h}** ?
6. **mâżâ youfaddiloûn** ?
7. **ma-smø-hou** ?

B. 1.c 2.a 3.e 4.b 5.d

C. 1. *Est-ce votre voiture ?*
2. *Est-ce votre maison ?*
3. *Est-ce votre livre ?*
4. *Que buvez-vous ?*
5. *Est-ce que je vous connais ?*

> Souvent on utilise **choû** à la place de **mâ** : **choû r^{r}a'yak** à la place de **mâ r^{r}a'yak**, *qu'en penses-tu* ?

A9 Je veux / Je voudrais

Je veux / Je voudrais

1. un verre d'eau.
2. une tasse de café.
3. une chambre pour deux.
4. un journal français.
5. un bon restaurant.
6. boire de la bière.
7. acheter un appartement.
8. louer une voiture.
9. prendre un taxi.
10. rester quelques jours.

Voulez-vous / Voudriez-vous

11. du poisson ?
12. le journal d'aujourd'hui ?
13. votre petit déjeuner maintenant ?
14. une grande chambre ?
15. la clé de la chambre ?
16. boire un verre avec nous ?
17. jouer au tennis avec moi ?
18. téléphoner à votre femme ?
19. voir vos amis ?
20. visiter l'Egypte ?

Le *vous* de politesse : il n'existe pas en arabe : **hal tour^{r}îd** ? signifie *voulez-vous* et *veux-tu ?* Pour marquer la déférence, on peut ajouter des expressions comme **h^{h}aḏr^{r}at-ak,** « ta séance » , **siyâdt-ak** « ta seigneurie »

A9	our^{r}îd/our^{r}îd min fadl-ak	أريد/أريد من فضلك

our^{r}îd, min fadl-ak — أُريد، من فضلك

1. ka’s mâ’. — كَأْس ماء
2. finjân kahwa^{h}. — فنجان قَهْوَة
3. rour^{r}fa^{h} li-chah^{r}saïn. — غُرفة لشخصين
4. jar^{r}îda^{h} far^{r}ansiya^{h}. — جريدة فَرنسيّة
5. mat^{c}am jaïyid. — مَطْعَم جَيِّد
6. an achr^{r}ab bîr^{r}a^{h}. — أن أشْرب بيرة
7. an achtar^{r}î chakka^{h}. — أن أشتَري شقة
8. an asta’jir^{r} saïyâr^{r}a^{h}. — أن استأجر سيارة
9. an âh^{r}ouż taxî. — أن آخُذ تكسي
10. an abkâ bid^{c}at aïyâm. — أن أبقى بضعة أيام

hal tour^{r}îd — هل تُريد

11. samak ? — سمَك ؟
12. jar^{r}îdata-l-yawm ? — جريدةَ اليَوْم ؟
13. foutoûr^{r}ak al-’ân ? — فُطورَكَ الآن ؟
14. rour^{r}fa^{h} kabîr^{r}a^{h} ? — غُرفة كبيرة ؟
15. miftâh^{h} ø-l-rour^{r}fa^{h} ? — مفتاحَ الغرفة ؟
16. an tachr^{r}ab ka’s mâ' ma^{c}anâ ?
    أن تشرَب كأس معنا ؟
17. an tal^{c}ab bi-t-tennis ma^{c}î ?
    أن تلعب بالتنيس معي ؟
18. an toutalfin li-zawjat-ak ? — أن تُتَلفِن لزَوجَتكَ ؟
19. an tar^{r}â ’asdikâ’-ak ? — أن ترىَ أصدِقاءَكَ ؟
20. an tazoûr^{r} misr^{r} ?

> **Prononciation . Rappel :**
> Le ø est une voyelle de liaison. Devant certains possessifs, elle se prononce plutôt **e** (cf. p. 23). Mais devant l'article, elle se prononce plutôt **é** (cf. pp. 30-31).

■ *Je veux* : **our^{r}îd**, أريد, mais *je voudrais* se rendra par : **our^{r}îd, min fadl-ak**, من فضلك, *je veux, s'il te plaît.*
Ces deux expressions se construisent de deux façons :

- **our^{r}îd** + nom complément d'objet direct (cod) (ph. 1 à 5) :
  our^{r}îd jar^{r}îda^{h} (min fadl-ak), *je voudrais un journal.*
- **our^{r}îd + an,** *que* + verbe inaccompli conjugué + nom cod :

our^{r}îd an achtar^{r}î jar^{r}îda^{h}, *je voudrais acheter un journal.*

➲ Là où le français utilise l'infinitif, l'arabe emploie un verbe conjugué à l'« inaccompli » (cf. p. 36).

■ **Le pronom personnel complément indirect** :
Dans **ma^{c}anâ**, *avec nous* (ph. 16), **ma^{c}a**, *avec* et **nâ**, *nous*, le pronom personnel qui vient après un adverbe ou une préposition prend la forme « affixe » (comme dans le cas du possessif, cf. p. 24) : *avec moi*, **ma^{c}î** ; *derrière toi*, **war^{r}â'-ak** ; *devant elle*, **amâma-hâ**.

■ **Les pluriels irréguliers** : **aïyâm** et **asdikâ'** sont les pluriels de **yawm**, *jour* et **sadîk**, *ami*. Ce genre de pluriel, très courant en arabe, se forme en utilisant les consonnes du nom singulier dans un autre environnement vocalique (cf. p. 140). Le lexique est tenu de mentionner tout pluriel irrégulier.

➡ **Retenez aussi** :
Pour dire *je voudrais, j'aimerais*, on utilise aussi : les verbes **abrî (tabrî…)**, **awadd (tawadd…)** ou l'expression **bi-widdî (bi-widdak…)** qui fonctionne comme **^{c}indî (^{c}indak…)**.
hal tour^{r}îd châï aw kahwa^{h} ? *tu prendrais du thé ou du café ?*

• A la place de **our^{r}îd**, on utilise souvent **baddî (baddak…)** qui fonctionne comme **^{c}indî (^{c}indak…)**.
• On supprime **an** : *je veux dormir*, **baddî anâm**.

A. Que veut dire en français :

1. **our^{r}îd ka’s bîr^{r}a^{h}.**
2. **hal tour^{r}îd ka’s mâ’ ?**
3. **our^{r}îd foutoûr^{r}î al-’ân.**
4. **hal tour^{r}îd an tachr^{r}ab**
5. **hal tour^{r}îd jar^{r}îdatø-l-yawm ?**
6. **our^{r}îd miftâh^{h}ø-l-rour^{r}fa^{h}.**
7. **hal tour^{r}îd an tal^{c}ab ma^{c}î ?**
8. **hal tour^{r}îd an tabkâ ma^{c}anâ ?**

B. Comment dites-vous en arabe :

1. *Je voudrais un verre d’eau.*
2. *Je voudrais un livre.*
3. *Veux-tu acheter le journal ?*
4. *Je voudrais ce livre.*
5. *Voulez-vous une grande chambre ?*
6. *Voulez-vous prendre un taxi ?*

C. Remettre dans le bon ordre :

1. **a- our^{r}îd b- kabîr^{r}a c- saïyâr^{r}a^{h},** أريد كبيرة سيّارة.
2. **a- fout̲oûr^{r}-ak b- tour^{r}îd c- hal ?** فطورَك تريد هل
3. **a- an b- our^{r}îd c- samak d- achtar^{r}î,**
4. **a- hal b- jar^{r}îda^{h} c- an d- tak̲r^{r}a’ e- tour^{r}îd ?**

SOLUTION

A. 1. *Je voudrais un verre de bière.*
2. *Voulez-vous un verre d’eau ?*
3. *Je voudrais mon petit déjeuner maintenant.*
4. *Voulez-vous boire ?*
5. *Voulez-vous le journal du jour?*
6. *Je voudrais la clé de la chambre.*
7. *Voulez-vous jouer avec moi ?*
8. *Voulez-vous rester avec nous ?*

B. 1. **our^{r}îd min fad̲l-ak ka’s mâ’.**
2. **our^{r}îd min fad̲l-ak kitâb.**
3. **hal tourrîd an tachtar^{r}î jar^{r}îda^{h} ?**
4. **our^{r}îd min fad̲l-ak hâża-l-kitâb**
5. **hal tour^{r}îd rour^{r}fa^{h} kabîra^{h}.**
6. **hal tour^{r}îd an ta’houż tâxî ?**

C. 1. a c b. 2. c b a. 3. b a d c. 4. a e c d b.

A10 Pouvez-vous ? / Savez-vous ?

Pouvez-vous

1. m'aider ?
2. m'indiquer où est la poste ?
3. épeler votre nom ?
4. parler lentement ?
5. m'accompagner ?
6. me dire à quelle heure... ?
7. me dire quelle heure il est ?
8. me dire combien coûte... ?
9. me donner cent dinars ?
10. me dire qui est cette belle dame ?
11. rester avec nous ce soir ?

Puis-je

12. vous poser une question ?
13. passer un coup de téléphone ?

Savez-vous

14. à quelle heure nous arrivons ?
15. jouer du oud ?
16. parler français ?
17. danser ?

18. Désolé, je ne peux pas rester.
19. Désolé, je ne sais pas parler arabe.

> **Prononciation. Rappel** :
> Devant les pronoms "affixes" le ø se prononce **e** comme devant certains possessifs (cf; p. 23).

hal tak̲dir^{r} an — **هل تقدر أن**

1. **tousâ^{c}idø-nî ?** — تُساعِدني ؟
2. **tadoullø-nî ^{c}ala-l-bar^{r}îd ?** — تدُلني على البريد ؟
3. **tatahajjâ ism-ak ?** — تتهجى اسمكَ ؟
4. **tatakallam bi-bout̲' ?** — تتكلّم ببُطء ؟
5. **tour^{r}âfik̲ø-nî ?** — تُرافقني ؟
6. **tak̲oûl lî fî aï sâ^{c}a^{h}** — تقولَ لي في ايّ ساعة...
7. **tak̲oûl lî kami-s-sâ^{c}a^{h} ?** — تقول لي كم السّاعة ؟
8. **kam yousâwî... ?** — كم يساوي...؟
9. **tou^{c}t̲î-nî mi'at đînâr^{r} ?** — تُعطيني مئة دينار ؟
10. **tak̲oûl lî man hiya hâżihi-s-saïyida^{h} ?** — تقول لي من هي هذه السيدة ؟
11. **tabk̲â ma^{c}anâ hâża-l-masâ' ?** — تبقى معنا هذا المساء ؟

hal ak̲dir^{r} an — **هل أقدر أن**

12. **as'al-ak sou'âl ?** — أسألكَ سؤالاً ؟
13. **outalfin ?** — أتَلفِن ؟

hal ta^{c}r^{r}if — **هل تعرف**

14. **fî 'aï sâ^{c}a^{h} nas̲il ?** — في أيّ ساعة نصل ؟
15. **ta^{c}zif ^{c}ala-l-^{c}oûd ?** — ان تعزف على العود ؟
16. **tatakallamø-l-far^{r}ansiya^{h} ?** — ان تتكلم الفرنسية
17. **tar^{r}k̲ous ?** — ان ترقص ؟

18. **âsif, lâ astat̲î^{c} * an abk̲â.** — آسِف، لا أستَطيع أن أبقى
19. **âsifa^{h}, lâ a^{c}r^{r}if an atakallamø-l-^{c}ar^{r}abiya^{h}.** — آسفة لا اعرف ان اتكلم العربية

* **astat̲î^{c}** , *je peux* (ph. 18) est synonyme de **ak̲dir^{r}**

■ *Pouvez-vous, savez-vous* :
Ces expressions se construisent suivies de **an** + verbe à l'« inaccompli » (présent) conjugué : *voulez-vous danser* → **hal tour^{r}îd an tar^{r}k̲ous̲**, « Veux-tu que tu danses ? ».

■ **Rappel. Le pronom personnel cod**
Dans *peux-tu m'aider*, *me* est un pronom personnel cod. En arabe il se place après le verbe (cf. p. 40) :
hal tak̲dir^{r} an tousâ^{c}idø-nî ? « peux-tu que tu aides moi »

■ **L'adverbe de manière : bi-bout̲'**, *lentement* (mot à mot « avec lenteur »). En effet, beaucoup d'adverbes de manière se forment de la sorte : **bi**, *avec* + nom.
Vite, **bi-sour^{rc}a^{h}** (« avec vitesse »).
Gentiment, **bi-lout̲f** (« avec gentillesse »).

➧ **Retenez aussi :**
- **hal tażkour^{r}**, *te souviens-tu ?*
- **hal youmkin-ak an**, هل يمكنك أنْ, *t'est-il possible de.*
- **moumkin**, *possible.*
- **raïr^{r} moumkin**, *impossible.*
- **mina-l-moumkin an**, *il est possible de.*
- **mina-l-moustah^{h}îl an**, *il est impossible de.*
- **hâżâ lâ ya^{c}nî-nî**, *cela ne me concerne pas.*
- **hâżâ lâ yahoummø-nî**, *cela ne m'intéresse pas.*

- **ajî (tajî…)**, *je viens* (*tu viens*) à la place de **âtî (ta'tî…)**.
- **ar^{r}ouh^{h} (tar^{r}oûh^{h}…)**, *je m'en vais*, à la place de **ażhab (tażhab…)**.
- Dans la phrase complexe on supprime **an** avant la deuxième partie de la phrase : **moumkin ya'tî**, *il est possible qu'il vienne*, au lieu de **moumkin an ya'tî**.

A10 | hal takdir^{r}? hal ta^{c}r^{r}if ? | **ENTRAÎNEZ-VOUS**

A. Que veut dire en français :

1. **your^{r}îd an yachtar^{r}î jar^{r}îda^{h}**, يريد ان يشتري جريدة
2. **youh^{h}ibb an yast'jir^{r} saïyâr^{r}a^{h}**, يحب ان يستأجر سيارة
3. **lâ ya^{c}r^{r}if an yatakallamø-l-far^{r}ansiya^{h}**, لا يعرف ان يتكلم
4. **âsif, lâ astatî^{c} an ousâ^{c}id-ik**, لا استطيع أن أساعدك.

B. Comment dites-vous en arabe :

1. *Puis-je vous aider ?* 2. *Puis-je vous accompagner ?*
3. *Peux-tu venir demain* (**radan**) ?
4. *Vous pouvez me téléphoner.*
5. *Pouvez-vous me donner 100 F* (**far^{r}ank**) ?

C. Répondre par la négative :

1. **hal takdir^{r} an tatakalamm bi-bout'** ?
2. **hal touh^{h}ibb an tar^{r}kous ma^{c}î** ?
3. **hal tour^{r}îd an tachr^{r}ab bîr^{r}a^{h}** ?
4. **hal tastatî^{c} an tou^{r}râfikø-nî** ?
5. **hal youmkin-ak an tousa^{c}idø-nî** ?

SOLUTION

A. 1. *Il voudrait acheter un journal.*
2. *Il aimerait louer une voiture.*
3. *Il ne sait pas parler français.*
4. *Désolé, je ne peux pas vous aider (Leila).*

B. 1. **hal astatî^{c} an ousâ^{c}id-ak** ?
2. **hal astatî^{c} an our^{r}âfik-ak** ?
3. **hal takdir^{r} an ta'tî radan ?**
4. **hal tastatî^{c} an toutalfin lî** ?
5. **hal takdir^{r} an tou^{c}tî-ni mi'at far^{r}ank** ?

C. 1. **lâ akdir^{r} an atakallam bi-bout'.**
2. **lâ ouh^{h}ibb an ar^{r}kous ma^{c}-ik.**
3. **lâ our^{r}îd an achr^{r}ab bîr^{r}a^{h}.**
4. **lâ astatî^{c} an our^{r}âfik-ak.**
5. **lâ youmkinø-ni an ousâ^{c}id-ak.**

A11 Quand... ? / À quelle heure... ?

Quand

1. est-il arrivé ?
2. est-elle venue ?
3. avez-vous commencé le travail (Sami)?
4. êtes-vous né ?
5. l'avez-vous rencontré ?
6. étiez-vous à Bagdad ?
7. viendras-tu (Sami) ?
8. partira-t-il ?
9. le directeur sera-t-il là (dans son bureau) ?

À quelle heure

10. arrive le train ?
11. est l'avion (décolle l'avion) ?
12. ouvrent les magasins ?
13. ça commence (commence le travail) ?
14. ça ferme (ferme la boutique) ?

Quelle heure est-il ? Il est ...*

a . 08 h	(huit heures du matin)
b . 09 h 30	(neuf heures et demie)
c . 09h 45	(dix heures moins le quart)
d . 15 h	(trois heures de l'après-midi)
e . 15h 40	(quatre heures moins un tiers de l'après midi)
f . 19 h 15	(sept heures un quart du soir)

Prononciation. Rappel : Lorsque le mot placé devant l'article ou le possessif se termine par une voyelle brève, celle-ci sert de voyelle de liaison. C'est souvent le cas avec le verbe à "l'accompli"(cf. ph. 3. 5) et les adverbes (ph. d. e).

matâ متى

1. **wasala ?** وصلَ ؟
2. **jâ'at ?** جاءَتْ ؟
3. **bada'ta-l-camal ?** بدأتَ العمل ؟
4. **woulidta ?** وُلدتَ ؟
5. **kâbalta-hou ?** قابَلتَهُ ؟
6. **kounta fî bardâd ?** كنتَ في بغداد ؟
7. **sa-ta'tî ?** ستأتي ؟
8. **sa-yażhab ?** سيذهب ؟
9. **sa-yakoûne-l-moudîrr fî makatabø-hou** سيكون المدير في مكتبه ؟

fî aï sâcah في أيّ ساعة

10. **yasilø-l-kitârr ?** يصل القطار ؟
11. **touklicø-t-tâ'irrah ?** تُقلِعَ الطائرة ؟
12. **taftahhø-l-mahhallât ?** تفتح المحلات ؟
13. **yabda' ø-l-camal ?** يبدأ (العمَل) ؟
14. **yoûkfilø-l-mahhall ?** يُقفِل (المحَلّ) ؟

kami-s-sâcah ? - as-sâcah كَم السّاعة ؟ الساعة

a . **śamâniyah sabâhhan.** ثمانية صباحاً
b . **tiscah wa-nisf sabâhhan.** تسعة ونصف صباحاً
c . **cachrrah illâ rroubc sabâhhan.** عشر إلا ربع
d . **śalâśah bacda-ż-żouhrr** ثلاثة بعد الظهر
e . **arbacah illâ śouls bacda-ż-żouhrr** أربعة إلا ثلث بعد الظهر
f . **sabcah wa-rroubc masâ'an.** سبعة وربع مساءً

* L'arabe dit : « Combien est l'heure? - L'heure est ... »
Pour dire le nombre en arabe voir pp. 28 et 142.

■ **Pour exprimer le temps**, l'arabe utilise trois formes :
• pour le présent, il emploie l'« inaccompli » (cf. p. 136) :
a^{c}r^{r}if, *je sais* ; **ta^{c}r^{r}if**, *tu sais* ; **ya^{c}r^{r}if**, *il sait* (cf. pp. 36 et 44)
La conjugaison se fait par la modification de la 1e lettre du verbe.
• pour le passé, il utilise l'« accompli » (cf. p. 136) :
^{c}ar^{r}aftou, *j'ai su* ; **^{c}ar^{r}afta**, *tu as su* ; **^{c}ar^{r}afa**, *il a su* .
La conjugaison se fait par la modification de la dernière lettre.
• pour le futur : **sa** + l'« inaccompli ».
sa-'a^{c}r^{r}if, *je saurai*, **sa-ta^{c}r^{r}if**, *tu sauras* (cf. p. 137).
Les autres temps s'obtiennent par la combinaison de ces différentes formes (cf. , p. 137-39).

■ **Verbe** *être* : sous-entendu dans la phrase nominale (cf. A1, A6), le verbe être doit être explicite, lorsqu'il indique :
• le passé : **matâ kounta fî bardâd** ? *quand étais-tu à Bagdad ?* (ph. 6),
• le futur : **mata sa-yakoûn fi-l-maktab** ? *quand sera-t-il au bureau ?* (ph. 9).
➲ Pour la conjugaison de ce verbe, cf. p. 135.

■ **La phrase verbale** : voici l'ordre de la phrase verbale :
Verbe + sujet + compléments
sa-yakoûn + al-moudîr^{r} + fî maktabø-hou radan
le directeur sera à son bureau demain.
➲ Le verbe placé devant le sujet reste au singulier même si celui-ci est au pluriel (ph. 12).

➡ **Retenez aussi** :
• *il est midi* : **al-'ân aż-żouhr**.
• *il est minuit* : **al-'ân nisfø-l-laïl**.
• *lorsque* : **^{c}indamâ**.

A. Que veut dire en français :

1. **matâ wasalta** ?
2. **matâ wasalti** ?
3. **matâ yasil h^{h}asan** ?
4. **matâ sa-tasil ila-l-baït** ?
5. **kami-s-sâ^{c}a^{h}** ?
6. **as-sa^{c}a^{h} samâniya^{h}.**
7. " **^{c}achr^{r}a^{h} wa nisf.**
8. " **sitta^{h} illâ r^{r}oub^{c}.**
9. " **wâh^{h}ida^{h} ba^{c}da-ż-żouhr^{r}.**
10. " **h^{r}amsa^{h} wa ṡouls.**

B. Comment dites-vous en arabe :

1. *Quand pars-tu (Sami) ?*
2. *Quand pars-tu (Leila) ?*
3. *A quelle heure part-elle ?*
4. *A quelle heure part-il ?*
5. *Je pars maintenant.*
6. *Quand partez-vous ?*
7. *Quand partiras-tu ?*
8. *Quand arrivera-t-il ?*

C. Reliez les mots correspondants :

1. **żahaba**	a. *il était*	1. **ażhab**	a. *tu pars*
2. **żahabta**	b. *je suis parti*	2. **yażhab**	b. *il partira*
3. **żahabti**	c. *il sera*	3. **tażhab**	c. *je partirai*
4. **żahabtou**	d. *il est parti*	4. **sa-'ażhab**	d. *je pars*
5. **kâna**	e. *tu es partie*	5. **sa-tażhabîn**	e. *il part*
6. **sayakoûn**	f. *tu es parti*	6. **sa-yażhab**	f. *tu partiras*

SOLUTION

A. 1. *Quand es-tu arrrivé ?*
2. *Quand es-tu arrivée ?*
3. *Quand arrive Hasan ?*
4. *Quand arriveras-tu chez toi (à la maison) ?*
5. *Quelle heure est-il ?*
6. *Il est 8 h.*
7. *Il est 10 h 30.*
8. *Il est 5 h 45.*
9. *Il est 13 h.*
10. *Il est 5 h 20.*

B. 1. **matâ tażhab** ?
2. **matâ tażhabîn** ?
3. **fî aï sâ^{c}a^{h} tażhab** ?
4. **fî aï sâ^{c}a^{h} yażhab** ?
5. **ażhab al-'ân.**
6. **matâ tażhaboûn** ?
7. **matâ sa-tażhab.**
8. **matâ sa-yasil** ?

C. 1.d, 2.f, 3.e, 4.b, 5.a, 6.c. 1.d, 2.e, 3.a, 4.c, 5.f, 6.b.

A12 Comment ? / Pourquoi ?

Comment

1. ça va ? (l'état)
2. vas-tu (m) ? (ton état)
3. allez-vous ? (votre état)
4. vont tes parents ? (l'état de tes parents)
5. est le temps ? (le temps)
6. cela ?
7. peut-il être si bête (avec cette bêtise) ?
8. peut-il être si timide (avec cette timidité) ?
9. ça marche ?
10. dites-vous cela en français ?
11. je ne sais comment vous remercier.

Pourquoi

12. es-tu fâchée ?
13. ne venez-vous (Leila) pas avec nous ?
14. ne restez-vous pas (Leila) chez nous ?
15. n'est-il pas parti ?
16. n'a-t-il pas téléphoné ?
17. n'es-tu pas resté (Sami) ?

18. Je ne sais pas pourquoi
19. Vous a-t-il dit pourquoi ?
20. Il n'a pas dit pourquoi.
21. Pourquoi pas ?

* Souvent l'arabe emploie **lâ 'adr^{r} î,** لا أدري , *je ne sais pas* (ph. 18), à la place de, ou de préférence à : **lâ 'a^{c}lam,** لا أعلم ou **lâ 'a^{c} r^{r} if,** لا أعرف.

A12 kaïfa ? / limâżâ ? كيف ؟ / لماذا ؟

kaïfa- **كَيفَ**

1. l-h^{h}âl ? الحال ؟
2. h^{h}âl-ak ? حالك ؟
3. h^{h}âlø-koum ? حالكم ؟
4. h^{h}âl ahl-ak ? حال أهلك ؟
5. t̲-t̲aks̲ ? الطَّقس ؟
6. żâlika ? ذَلِكَ ؟
7. youmkin an yakoûn bi-hâża-l-rabâ' ?
   يمكن ان يكون بهذا الغباء؟
8. youmkin an yakoûn bi-hâża-l-h^{h}ayâ' ?
   يمكن ان يكون بهذا الحياء؟
9. yasîr^{r} hâża-l-jihâz ? يسير (هذا الجِهاز)
10. tak̲oûl żâlika bi-l-far^{r}ansiya^{h} ?
    تقول ذلك بالفَرَنسيّة ؟
11. lâ adr^{r}î kaïfa achkour^{r}-ak
    لا أدري كيف أشكُرُك

limâżâ لماذا

12. anti za^{c}lâna^{h} ? أنتِ زعلانة ؟
13. lâ ta'tîn ma^{c}a-nâ ? لا تأتي معنا ؟
14. lâ tabk̲în ^{c}inda-nâ ? لا تبقين عندنا ؟
15. lam yażhab / mâ żahaba ? لم يذهب / ما ذهب
16. lam youtalfin / mâ talfana ? لم يتلفن /ما تلفن
17. lam tabk̲a / mâ bak̲iyta ? لم تبق / مابقيت ؟
18. lâ adr^{r}î limâżâ. لا ادري لماذا ؟
19. hal k̲âla la-ka limâżâ ? هل قال لك لماذا ؟
20. mâ k̲âla / lam yak̲oul limâżâ
    لم يقل / ما قال لماذا ؟
21. limâ lâ ? لِما لا ؟

■ **kaïfa**, كيف, *comment*, peut s'employer devant un nom (ph. 1- 5), un pronom (ph. 6) ou un verbe (ph. 7.10).
Le nom placé après **kaïfa** doit être :
• soit déterminé par l'article (ph.1 et 5),
• soit suivi par le possessif « affixe »(ph. 2 et 3),
• soit suivi par le complément de nom (ph. 4).

■ **Le verbe à la forme négative** :
• au présent : **lâ**, لا + l'« inaccompli » (ph.11. 13. 14 et 18).
• au passé : deux procédés sont possibles (ph. 15 à 17 et 20) :
a- **mâ**, ما + l'« accompli » : **mâ kâla**, *il n'a pas dit*.
b- **lam**, لم + « l'inaccompli » : **lam yakoul**, *il n'a pas dit*.
Le premier procédé est plus courant dans l'arabe parlé et le seul usité en dialectal.

■ **Rappel : le pronom personnel complément direct (cod)**
Pour dire *je te remercie*, l'arabe dit : « je remercie toi », **achkour^{r}-ak**, أشكُركَ (ph. 11). Le pronom utilisé pour exprimer le complément d'objet direct a donc la même forme (dite « affixe ») que celle utilisée pour exprimer :
• le possessif : *ton livre*, **kitâb-ak**, « livre de toi » (cf. p. 24),
• le pronom complément indirect placé après un adverbe ou une préposition : *avec nous*, **ma^{c}a-nâ**, معنا (ph. 13), *chez nous*, **^{c}inda-nâ** (ph. 14, cf. p. 44).

➡ **Retenez aussi** :
ma-smouka ? (*quel est ton nom ?*) *comment t'appelles-tu ?*
li-'anna, *parce que*
bi-sabab, *à cause de*
tafaddal, *veuillez, je vous en prie* !
ar^{r}joû-koum, *je vous prie*
ouh^{h}ibb-ak, *je t'aime* (Sami)
ouh^{h}ibb-ik, *je t'aime* (Leila).

A12	kaïfa ? limâżâ ?	ENTRAÎNEZ-VOUS

A. Comment dites-vous en arabe :

1. *Comment ça va ?*
2. *Comment vont vos enfants ?*
3. *Je sais pourquoi.*
4. *Je ne sais pas comment il va.*
5. *Sais-tu pourquoi elle dit cela ?*
6. *Comment dites-vous cela en arabe ?*
7. *Je ne sais pas comment dire (je dis) cela.*

B. Mettre au passé (en utilisant **lam +** l'inaccompli) **:**

1. **lâ ażhab ila-l-masbah^{h}** (*piscine*), **لا أذهب الى المسبح.**
2. **lâ asma^{c} ø-r^{r}-r^{r}âdiou, لا أسمع الراديو.**
3. **lâ achr^{r}ab wiskî, لا أشرب ويسكي.**
4. **lâ outalfin la-hou, لا اتلفن له.**

C. Que veut dire en français :

1. **hal ta^{c}r^{r}ifø-nî ? هل تعرفني ؟**
2. **lâ a^{c}r^{r}if-ak لا أعرفك**
5. **hal tasma^{c}ø-nî ? هل تسمعني ؟**
4. **lâ asma^{c}-ik, لا أسمعكِ**

SOLUTION

A. 1. **kaïfa-l-h^{h}âl ?**
2. **kaïfa h^{h}âl awlâd-ak ?**
3. **a^{c}r^{r}if limâżâ.**
4. **lâ a^{c}r^{r}if kaïfa h^{h}âlø-hou.**
5. **hal t^{c}ar^{r}if limâżâ ta<u>k</u>oûl żâlika ?**
6. **kaïfa ta<u>k</u>oûl żâlika bi-l-^{c}ar^{r}abiya^{h} ?**
7. **lâ a^{c}r^{r}if kaïfa a<u>k</u>oûl żâlika.**

B. 1. **lam ażhab ila-l-masbah^{h}.** 2. **lam asma^{c}ø-r-r^{r}âdioû.**
3. **lam achr^{r}ab wiskî.** 4. **lam outalfin la-hou.**

C. 1. *Me connais-tu ?* 2. *Je ne te connais pas.*
3. *M'entends-tu ?* 4. *Je ne t'entends pas (f).*

Assez

1. Avez-vous assez de pain ?
2. Avez-vous assez de lait ?
3. Je n'ai pas assez de temps.
4. Nous avons assez mangé.
5. J'ai assez dormi.
6. Ils n'en ont jamais assez.

Un peu / Beaucoup

7. Voulez-vous un peu de sel ?
8. Je ne veux pas beaucoup de thé.

Un peu plus (davantage)

9. Voulez-vous un peu plus d'argent ?
10. Je ne veux pas prendre davantage de votre temps.

Trop

11. Il est trop tôt.
12. Il est trop tard.
13. Il est trop gentil.
14. Il y a trop de voitures (un encombrement de trafic trop grand).
15. Il y a trop de bruit (un bruit énorme).

A13 kifâya^{h} / k̲alîl / kaṡîr / mazîd مزيد / كثير / قليل / كفاية

kifâya^{h} / iktafâ كفاية / اكتفى

1. hal ^{c}ind-ak kifâya^{h} mina-l-h^{r}oubz ?
   هل عندكَ كفاية من الخُبْز ؟
2. hal ^{c}ind-ak kifâya^{h} mina-l-h^{h}alîb ?
   هل عندك كفاية من الحليب ؟
3. ma ^{c}indî kifâya^{h} mina-l-wak̲t.
   ما عندي كفاية من الوقت
4. iktafaïnâ mina-l-'akl. اكتفينا من الاكل
5. iktafaïtou mina-n-nawm. اكتفيت من النوم
6. lâ yaktafoûn bi-chaï'. لا يكتفون بشيء

k̲alîl / kaṡîr^{r} قليل/كثير

7. hal tour^{r}îd k̲alîl mina-l-milh^{h}
   هل تُريد قليل من الملح ؟
8. lâ our^{r}îd kaṡîr^{r} mina-ch́-châï ?
   لا أُريد كثير من الشاي

mazîd مزيد

9. hal tour^{r}îdoûn mazid mina-l-mâl ?
   هل تريدون مزيد من المال ؟
10. lâ our^{r}îd an âh^{r}ouż akṡar^{r} min wak̲t-ak.
    لا أريد ان آخُذ أكثَر من وقتِك

11. al-wak̲t bâkir^{r} kaṡîr^{r}an jiddan.
    الوَقْت باكر كثيراً جداً
12. al-wak̲t mouta'ah^{r}ir^{r} jiddan jiddan.
    الوقت مُتَأخّر جداً جداً
13. innahou lat̲îf akṡar^{r} mina-l-lâzim.
    إنّهُ لطيف أكثر من اللازم
14. hounâka zah^{h}mat saïr^{r} kabîr^{r}a^{h} jiddan.
    هناك زحمة سير كبيرة جدا
15. hounâka d̲ajja^{h} hâ'ila^{h} هناك ضجة هائلة

■ *Assez de* est rendu en arabe de deux façons :
• **kifâya^{h} min**, « ce qui suffit en fait de » + nom (ph. 1 à 3),
• le verbe **iktafâ**, « avoir suffisamment de », dûment conjugué + nom (ph. 4 à 6).

■ *Beaucoup de*, *peu de*, *davantage de* sont rendus en arabe par : **kaṡîr^{r} min, kalîl min** et **mazîd min**, (**min** devenant **mina** devant l'article).

■ *Trop* peut être rendu suivant le contexte, par :
• **kaṡîr^{r}an jiddan** كثيراً جداً, "très beaucoup" (ph. 11),
• **jiddan jiddan**, جداً جداً, "très très" (ph. 12),
• **akṡar^{r} mina-l-lâzim**, «plus qu'il ne faut... » (ph. 13),
• des tournures spécifiques (ph. 14 et 15).

■ **Verbe *être* dans une phrase nominale.**
Il est rendu de deux façons :
• **anâ, anta, anti**… (cf. p. 12),
• **inna** + le pronom affixe : **inna-nî, inna-ka (inn-ak), inna-ki (inni-ik)** … (ph.13).
En voici la conjugaison :

je suis	**inna-nî**	إنّني	*ns sommes*	**inna-nâ**	إننا
tu es	**inn-ak**	إنّكَ	*vous êtes*	**inna-koum**	إنكم
tu es (f)	**inn-ik**	إنّكِ			
il est	**inna-hou**	إنّهُ	*ils sont*	**inna-houm**	إنهم
elle est	**inna-hâ**	إنّها			

➡ **Retenez aussi** :
yakfî ! يكفي , *assez* !
hâżâ lâ yakfî, هذا لا يكفي , *cela ne suffit pas*
hâżâ yakfî-ka ?, هذا يكفيك ؟ , *cela te suffit-il ?*
kalîl jiddan, قليل جدا , *trop peu*
li-annî machroûl, *parce que je suis occupé.*

A. Comment dites-vous en arabe :

1. *Avez-vous assez de café ?*
2. *J'ai beaucoup de temps.*
3. *Je voudrais un peu plus de pain.*
4. *Je voudrais davantage de thé.*
5. *Il est trop tard.*

B. Donner le contraire et traduire :

1. **^{c}indî kaśîr^{r} mina-l-mâl.**
2. **^{c}indî kalîl mina-l-kahwa^{h}.**
3. **^{c}ind-ak kaśîr^{r} minal-l-wakt.**
4. **^{c}inda-hâ kalîl mina-ch-châï.**
5. **^{c}inda-nâ kaśîr^{r} mina-l-koutoub.**
6. **^{c}inda-nâ kifâya^{h} mina-l-h^{r}oubz.**
7. **^{c}indî kifâya^{h} mina-s-soukkar^{r}.**

SOLUTION

A. 1. **hal ^{c}ind-ak kifâya^{h} mina-l-kahwa^{h} ?**
2. **^{c}indî kaśîr^{r} mina-l-wakt.**
3. **our^{r}îd min fadl-ak mazîd mina-l-h^{r}oubz.**
4. **our^{r}îd min fadl-ak mazîd mina-ch-châï.**
5. **al-wakt mouta'ah^{r}h^{r}ir^{r} kaśîr^{r}an jiddan.**

B. 1. **^{c}indî kalîl mina-l-mâl,** *j'ai un peu d'argent.*
2. **^{c}indî kaśîr^{r} mina-l-kahwa^{h},** *j'ai beaucoup de café.*
3. **^{c}ind-ak kalîl mina-l-wakt,** *tu as peu de temps.*
4. **^{c}inda-hâ kaśîr mina-ch-châï,** *elle a beaucoup de thé.*
5. **^{c}inda-nâ kalîl mina-l-koutoub,** *nous avons peu de livres.*
6. **^{c}inda-nâ kaśîr^{r} jiddan mina-l-h^{r}oubz,** *nous avons trop de pain.*
7. **^{c}indî kaśîr^{r} jidddan mina-s-soukkar^{r},** *j'ai trop de sucre.*

chwaï, *un peu* (d'où le français *chouya*).

A14 Je sais / Je crois

Je sais

1. la réponse.
2. beaucoup de choses à ce sujet.
3. ce que vous pensez de moi.
4. que ce travail est difficile.
5. que rien ne lui plaît.
6. qu'il n'aime pas le brouillard.
7. que tu l'aimes (Sami).
8. qu'il est malade.

9. Je ne sais rien.

Savez-vous

10. où il travaille ?
11. pourquoi il est en colère ?
12. qui est cet homme ?
13. qui a gagné ?
14. à quelle heure nous arrivons ?
15. s'il va pleuvoir ?

Je crois

16. qu'il a raison.
17. qu'elle a tort.
18. qu'elle est partie.

19. Je ne crois pas que cela soit possible.
20. Croyez-vous qu'il viendra ?

a^{c}r^{r}if / a^{c}lam **أعرف / أعلم**

1. ø-l-jawâb . الجَوَاب
2. ø-l-kaṡir^{r} ^{c}an hâża-l-mawd̲oû^{c}.
   الكَثيرِ عَن هذا المَوْضوع
3. mâ toufakkir^{r}ø-hou ^{c}annî. ما تفكّره عني
4. anna hâża-l-^{c}amal s̲a^{c}b. أنّ هذا العَمَل صعْب
5. anna lâ-chaï’ you^{c}jibø-hou. أنّ لا شَيْء يُعجبه
6. anna-hou lâ youh^{h}ibbø-d̲-d̲abâb.
   أنّه لا يُحِبّ الضباب
7. ann-ak touh^{h}ibbø-hâ. أنّكَ تحِبُهَا
8. anna-hou mar^{r}îd̲. أنّه مريض
9. lâ a^{c} r^{r}if / a^{c}lam chaï’an. لا أعرف /أعلَم شَيئاً

hal ta^{c}lam **هل تعلم**

10. aïna ya^{c}mal ? أيْنَ يعملَ ؟
11. limâżâ houwa rad̲bân ? لماذا هو غَضْبان ؟
12. man hâża-r^{r}-r^{r}ajoul ? من هذا الرجل ؟
13. man r^{r}abih^{h}a ? من ربح ؟
14. fî aï sâ^{c} a^{h} nas̲il ? في أي ساعة نصل ؟
15. iżâ kânat sa-toumt̲ir^{r} ? إذا كانت ستمطر ؟

a^{c}tak̲id / az̲ounn **أعتَقد / أظن**

16. anna-l-h^{h}ak̲k̲ ma^{c}a-hou أنّ الحَقّ معهُ
17. anna-l-h^{h}ak̲k̲ ^{c}alaï-hâ أنّ الحقّ علَيها
18. anna-hâ radar^{r}at أنها غادرت

19. lâ a^{c}tak̲id anna żâlika moumkin
    لا أعتَقِد أنّ ذلك مُمكِن
20. hal a^{c}tak̲id anna-hou sa-ya’tî ?
    هل تعتَقِد أنّه سيأتي ؟

■ **a^{c}r^{r}if** أعرف, signifie *je connais* et **a^{c}lam,** أعلم *je sais.* Mais ici ils sont synonymes. Ils peuvent être suivis :
- d'un nom ou pronom (ph. 1 à 3).
- d'un interrogatif introduisant une phrase (ph. 10 à 14).
- de **anna** + nom ou pronom affixe + … :

a^{c}r^{r}if anna hâża-l-^{c}amal s̲a^{c}b, *je sais que ce travail est difficile* (ph. 4)
a^{c}r^{r}if ann-ak touh^{h}ibbø-ha, *je sais que tu l'aimes* (ph. 7).

■ **a^{c}tak̲id,** أعتَقد et **az̲ounn,** أظُنّ, *je crois,* sont pratiquement synonymes. Ils se construisent suivis de :
anna + nom ou pronom affixe + … :
a^{c}tak̲id anna al-h^{h}ak̲k̲ ma^{c}a-hou, *je pense qu'il a raison.*
a^{c}tak̲id anna-hou sa-ya'tî, *je crois qu'il viendra* (ph. 20).

■ **iżâ**, *si* : après *si* le verbe se met toujours à l'accompli, même s'il renvoie à une action présente ou future.
iżâ ataïta na'koul ma^{c}an, *si tu viens, on mangera ensemble.*
➲ Pour le conditionnel, reportez-vous à la page 139.

➡ **Retenez aussi : les relatifs**
- *quoi* : **bimâ toufakkir^{r}** ?, *à quoi penses-tu ?*
- *qui* (masculin) : **a^{c}r^{r}ifø-r^{r}-r^{r}ajoul allażî dah^{r}ala,** *je connais l'homme qui est entré.*
- *qui* (féminin) : **a^{c}r^{r}ifø-l-mar^{r}'a^{h} allatî h^{r}ar^{r}ajat,** *je connais la femme qui est sortie.*
- *qui* (indéfini) : **ma^{c}a man tatakallam,** *avec qui parles-tu ?*
- *que* (masculin) : **hali-l-kitâb allażî tak̲r^{r}a'-hou moumti^{c}** ?, *est-ce que le livre que tu lis est intéressant ?*
- *que* (féminin) : **hali-r-r^{r}iwâya^{h} allatî k̲ar^{r}a'ta-hâ mumti-^{c}a^{h}** ? *est-ce que le roman que tu lis est intéressant ?*

hâżâ lâ ya^{c}nî-nî, *cela ne me concerne pas.*
hâżâ lâ yahoummø-nî, *cela ne m'intéresse pas.*

A. Que veut dire en français :

1. **ya^{c}lam ann-ak mar^{r}îḏ.**
2. **lâ a^{c}lam limâżâ anta raḏbân.**
3. **hal ta^{c}r^{r}if anna hâża-l-^{c}amal s̱a^{c}b jiddan** ?
4. **lâ a^{c}taḵid anna-hou youh^{h}ibbø-hâ.**
5. **a^{c}taḵid annî a^{c}r^{r}ifø-hou, wa-lâkin lastou mouta'akkid.**

B. Comment dites-vous en arabe :

1. *Je pense que tu as raison.*
2. *Tu sais que je suis fatigué.*
3. *Je ne sais pas où tu travailles.*
4. *Tu sais bien que rien ne lui plaît.*
5. *Crois-tu avoir raison ?*

C. Remettre en bon ordre :

1. a- **a^{c}taḵid** b- **anna** c- **jamîl** d- **aṯ-ṯaḵs**.
2. a- **la aẕ̇ounn** b- **youh^{h}ibb** c- **anna** d- **sami** e - **leila**.
3. a- **hal** b-**aṯ-ṯaḵs** c- **ta^{c}r^{r}if** d- **jiddan** e- **jamîl** f- **anna** ?

SOLUTION

A. 1. *Il sait que tu es malade.*
2. *Je ne sais pas pourquoi tu es fâché.*
3. *Sais-tu que ce travail est très difficile ?*
4. *Je ne crois pas qu'il l'aime.*
5. *Je crois que je le connais, mais je ne suis pas sûr.*

B. 1. **a^{c}taḵid anna-l-h^{h}aḵḵ ma^{c}-ak** ?
2. **ta^{c}r^{r}if anna-nî ta^{c}bân.**
3. **lâ a^{c}lam aïna ta^{c}mal.**
4. **ta^{c}lam jaïyidan anna lâ-chaï' you^{c}jibø-hou.**
5. **hal ta^{c}taḵid anna-l-h^{h}aḵḵ ma^{c}-ak** ?

C. 1. a b d c. 2. a c d b e. 3. a c f b e d.

A15 Il faut / Je dois

Il faut que je (*je dois* + infinitif)

1. fume moins.
2. mange moins de pain.
3. travaille davantage.
4. prenne le train.
5. sois rentré(e) à midi.

Il faut que

6. je joue mieux.
7. vous dormiez plus (une durée plus (longue).
8. nous vendions notre voiture.
9. vous gagniez davantage d'argent (Leila).

Vous ne devez pas

10. être en retard.
11. manquer votre rendez-vous.
12. prendre le train (Leila).
13. fumer autant (Leila).
14. travailler trop (pl.).
15. rester ici.
16. oublier de nous prévenir.
17. tricher au jeu.
18. raconter (pl.) n'importe quoi.

A15 yajib an / ^{c}alaïya an يجب أن / عليّ أن

yajib an **يجب أن**

1. **oudah^{r}h^{r}in ak̲all.** أَدَخّن أقَلّ
2. **âkoul h^{r}oubz ak̲all.** آكُل خبز أقل
3. **a^{c}mal akṡar^{r}** أعمل أكثَر
4. **âhoużø-l-k̲it̲âr^{r}** آخُذَ القطار
5. **a^{c}oûd ila-l-baït żouhr^{r}an.** أعود (إلى البيت) ظُهراً

^{c}ala + (pronom affixe) ... + على

6. **^{c}alaï-ya an al^{c}ab ah^{h}san.** عليّ أن ألعب أحسَن
7. **^{c}alaï-ka an tanâm moudda^{h} at̲wal.** عليك ان تنام مدّة أطْوَل
8. **^{c}alaï-nâ an nabî^{c} saïyâr^{r}atø-nâ.** علينا ان نبيع سيّارتنا
9. **^{c}alaï-ki an taksabî mâl akṡar^{r}** عليك ان تكسبي مال أكثَر

yajib allâ **يجب ألاّ**

10. **tata'ah^{r}h^{r}ar^{r}** تتأخّر
11. **tatah^{r}allaf an maw^{c}id-ak.** تتخلّف عن موعدك
12. **ta'h^{r}oużi-l-k̲it̲âr^{r}** تأخُذي القِطار
13. **toudah^{r}h^{r}inî bi-hâża-l-mik̲dar^{r}** تُدخّني بهذا المِقدار
14. **tachtariloû akṡar^{r} mina-l-lâzim** تشتَغلوا أكثَر من اللازِم
15. **tabk̲â hounâ.** تبقى هنا
16. **tansâ an tou^{c}limø-nâ.** تنسى أن تعلمنا
17. **tarouchch fi-l-lou^{c}b.** تغش في اللعب
18. **tak̲oûloû aï chaï'in kân.** تقولوا أي شيء كان

■ *Il faut que* et *je dois* sont rendus par :

yajib, يَجِب, *il faut* + **an**, أَنْ + verbe « inaccompli »

yajib an a^{c}mal, *il faut que je travaille*.

➲ **yajib** est invariable quel que soit le sujet du verbe qui suit.

■ **Le mode**. Après **an**, le verbe se met au subjonctif, à savoir :

• s'il est à la 2e ou à la 3e personne du pluriel, il prend la terminaison **oû** (ph. 14 et 18).

• s'il est à la 2e personne du féminin singulier, il prend la terminaison **î** (ph. 13).

■ *Que... ne... pas* se dit **an lâ**, mais souvent devient **allâ** :

yajib allâ oudah^{r}h^{r}in, «il faut que je ne fume pas».

■ Autre façon de rendre *je dois, tu dois ...* :

^{c}alaïya, « à moi »/**^{c}alayka**, « à toi » + **an** = verbe conjugué

^{c}alaï-ya an anâm, *je dois dormir* .

^{c}alaï-ya allâ oudah^{r}h^{r}in, *je ne dois pas fumer* .

^{c}alaï-ka an tanâm, *tu dois dormir*.

➡ **Retenez aussi :**

mina-<u>d</u>-<u>d</u>aroûrî an, *il est nécessaire*.

mina-l-af<u>d</u>al an, *il est mieux de*.

mina-l-moutawa<u>kk</u>a^{c} an, *il est prévisible de*.

Le dialectal utilise également pour *je dois* :

• **lâzim : lâzim ažhab**, لازم أذهب, *je dois partir*.

• **yalzamø-nî, yalzamou-ka...**, *il me faut, il te faut...* :

yalzamø-nî <u>k</u>alîl mina- l-mâl, *il me faut un peu d'argent*, يلزمني قليل من المال.

A. Que veut dire en français :

1. **^{c}alaï-ka an touchâhid hâża-l-film.**
2. **^{c}alaï-ki an ta^{c}malî akṡar^{r}.**
3. **yajib allâ ta'kouloû akṡar^{r} mina-l-lâzim.**
4. **yalzamø-nî an achtar^{r}î saïyâr^{r}a^{h} jadîda^{h}.**

B. Comment dites-vous en arabe :

1. *Je dois dormir tôt.* 2. *Tu dois manger plus.*
3. *Vous devez travailler plus* 4. *Elle doit fumer moins.*
5. *Tu ne dois pas rester ici.*
6. *Je ne dois pas me mettre en retard.*
7. *Devez-vous prendre ce train ?*

C. Mettre au mode subjonctif :

1. **yajib (takr^{r}a'oûn) al-jar^{r}îda^{h},** الجريدة (تقرؤون) يجب
2. **yajib (ta'kouloûn) ak̲all,** أقلّ (تأكلون) يجب
3. **yajib (tachtarilîn) akṡar^{r},** أكثر (تشتغلين) يجب

SOLUTION

A. 1. *Tu devrais (dois) voir ce film.*
2. *Tu devrais (dois) travailler plus (Leila).*
3. *Vous ne devez pas trop manger.*
4. *Il me faut acheter une nouvelle voiture.*

B. 1. **yajib an anâm bâkir^{r}an.**
2. **yajib an ta'koul akṡar^{r}.**
3. **^{c}alaï-koum an ta^{c}maloû akṡar^{r}.**
4. **^{c}alaï-hâ an toudah^{r}h^{r}in ak̲all.**
5. **yajib allâ tabk̲â hounâ.**
6. **^{c}alaï-ya allâ ata'ah^{r}h^{r}ar^{r}.**
7. **hal yajib an ta'h^{r}oużoû hâża-l-k̲iṯâr^{r}.**

C. 1. **yajib an tak̲r^{r}a'ou-l-jar^{r}îda^{h}.**
2. **yajib an ta'kouloû ak̲all.**
3. **yajib an tachtarilî akṡar^{r}.**

A16 Combien ?

Combien

1. voulez-vous (d'argent)?
2. ça coûte ?
3. (de personnes) serez-vous ?
4. d'enfants avez-vous (Sami) ?
5. d'heures travaillez-vous par jour ?
6. de kilomètres avez-vous marché (Leila) ?
7. de temps restez-vous (Leila) ?
8. veux-tu (d'argent)?
9. pèse-t-il (quel est son poids) ?
10. faites-vous de taille (quelle est votre taille) ?
11. vaut-il (quel est son prix) ?
12. êtes-vous (quel est votre nombre) ?
13. (de temps) dure le film ?

Depuis combien

14. de temps attendez-vous ?
15. de jours est-elle arrivée ?

À combien

16. est-ce (quel est son éloignement) de la gare ?
17. roulez-vous (à quelle vitesse)?
18. (est-ce) ?
19. cette chemise ?

20. De combien d'années est-il ton aîné (plus grand que toi) ?

kam ? كم ؟

kam كم

1. **tour^{r}îd ?** تُريد ؟
2. **yousâwî ?** يساوي ؟
3. **chah^{r}s̲ sa-takoûnoûn ?** شخص ستكونون ؟
4. **walad ^{c}ind-ak ?** ولَد عندك ؟
5. **sâ^{c}a^{h} ta^{c}mal fi-l-yawm ?** ساعة تعمَل في اليَوْم ؟
6. **kilôumitr^{r} machaïti ?** كيلو مترًا مشيت ؟
7. **mina-l-wak̲t sa-tabk̲în ?** من الوقت ستَبقيَن ؟
8. **mina-l-mâl tour^{r}îd ?** من المال تريد ؟
9. **waznø-hou ?** وَزنه ؟
10. **k̲iyâs-ak ?** قياسك ؟
11. **ṡamanø-hou ?** ثمنه ؟
12. **^{c}adadø-koum ?** عدَدكُم ؟
13. **(mina-l-wak̲t) yadoûmø-l-film ?**

كم (من الوقت) يدوم الفيلم ؟

mounżou kam منذ كم

14. **mina-l-wak̲t tantaz̲ir^{r} ?** (من الوقت) تنتَظِر
15. **yawm was̲alat ?** يوم وصلَتْ؟

16. **kam yab^{c}oud ^{c}ani-l-mah^{h}at̲t̲a^{h} ?** كم يبعد عن المحَطّة ؟
17. **bi-'aï sour^{r}^{c}a^{h} tasîr^{r} ?** بأيّة سُرعة تسير ؟
18. **bi-kam (hâżâ) ?** بكَم (هذا) ؟
19. **bi-kam hâża-l-k̲amîs̲ ?** بِكم هذا القميص ؟

20. **bi-kam sana^{h} houwa akbar minka ?**

بكم سنة هو أكبر منك ؟

■ Après **kam, كم**, *combien*, le nom doit rester au singulier :
• s'il est dénombrable, il ne prend pas l'article (ph. 3 à 6),
• s'il est indénombrable, il prend l'article précédé de la préposition **min, من** (ph. 13).

➲ **kam, كم** s'emploie également dans certaines expressions où le français utiliserait *quel(le) est* :
kam ^{c}oumr^{r}-ak ? *quel est ton âge* ? « combien est ton âge ? »

■ **Le comparatif** *plus ... que* :
• à partir des adjectifs courts comme **kabîr^{r}**, *grand*, (**^{c}âlim**, *savant*...), il se forme ainsi : **jamâl akbar^{r} (a^{c}lam...) min mounîr^{r}**, *Jamal est plus grand (plus savant...) que Mounir.*
• à partir d'adjectifs plus longs comme **moufîd**, *utile* (**ṡar^{r}ṡâr^{r}**, *bavard*...) il se forme ainsi :
akṡar^{r} + le substantif correspondant à l'adjectif + **min**
Jamâl akṡar^{r} ṡar^{r}ṡar^{r}a^{h} min mounir^{r}, « Jamal est ayant plus de bavardage que Mounir ».

■ **Le superlatif** *le plus...* : il se forme de la même manière, mais en ajoutant **al** au comparatif:
Jamal est le plus grand, **jamâl houwa al-akbar^{r}** ;
Jamal est le plus bavard, **jamâl houwa al-akṡar^{r} ṡar^{r}ṡar^{r}a^{h}**.
• pour le comparatif *moins ... que* et le superlatif *le moins*..., se reporter à la page 88.

➲ **Les chiffres** : pour dire les chiffres de 11 à 99, reportez-vous à la page 142.

➲ Le nom qui vient après ces chiffres reste au singulier :
cent livres → **mi'at kitâb** (et non **koutoub**).

A. Que veut dire en français :

1. **kam sâ^{c}a^{h} tanâm fi-l-yawm** ?
2. **kam kitâb kar^{r}a'ta hâża-l-ousboû^{c}** (cette semaine) ?
3. **kam walad ^{c}inda-koum** ?
4. **bikam hâżihi-s-saïyâr^{r}a^{h}** ?
5. **kam ^{c}oumr^{r}-ik** ?
6. **kam mina-l-mâl tour^{r}îd** ?

B. Comment dites-vous en arabe :

1. *Combien d'heures travaillez-vous par semaine ?*
2. *Combien d'enfants avez-vous ?*
3. *Combien ça coûte ?*
4. *Combien voulez-vous ?*
5. *Quelle taille fait-il?*
6. *Quel âge a-t-elle ?*

C. Poser la question avec kam :

1. **waznø-hou ^{c}ichr^{r}în (20) kîloû,** وزنه عشرين كيلو
2. **^{c}oumr^{r}î h^{r}amsa^{h} wa-^{c}ichr^{r}în sana^{h},** عمري ٢٥ سنة.
3. **ṡamanø-hou h^{r}amsa^{h} wa-h^{r}amsîn dînâr^{r},** ثمنه ٥٥ دينار

SOLUTION

A. 1. *Combien d'heures dormez-vous par jour ?*
2. *Combien de livres avez-vous lu cette semaine ?*
3. *Combien d'enfants avez-vous ?*
4. *Combien vaut cette voiture ?*
5. *Quelle âge avez-vous (Leila) ?*
6. *Combien (d'argent) voulez-vous ?*

B. 1. **kam sâ^{c}a^{h} ta^{c}mal fi-l-ousboû^{c}** ? 2. **kam walad ^{c}ind-ak** ?
3. **kam yousâwî** ? 4. **kam tour^{r}îd** ?
5. **kam kiyâsø-hou** ? 6. **kam ^{c}oumr^{r}ø-hâ** ?

C. 1. **kam kîloû waznø-hou** ? كم كيلو وزنه ؟
2. **kam sana^{h} ^{c}oumr^{r}-ak** ? كم سنة عمرك ؟
3. **kam dînâr^{r} ṡamanø-hou** ? كم دينار ثمنه ؟

A17 Hier / Il y a une semaine / Depuis ...

1. Nous sommes arrivés hier.
2. Nous sommes arrivés la semaine dernière.
3. Il m'a téléphoné dimanche dernier.
4. Il est mort l'année passée.
5. Elle est née en 1970.
6. J'ai visité le Caire en septembre dernier.
7. Nous sommes restés un mois.

8. Nous sommes arrivés il y a une semaine.
9. Nous sommes arrivés il y a deux jours.
10. Je l'ai vu il y a deux ans .
11. Ils ont quitté Damas il y a dix ans.
12. J'ai réservé deux places il y a deux semaines.

13. Nous habitons ici depuis huit ans.
14. Je suis ici depuis hier soir.
15. Nous sommes ici depuis mardi dernier.
17. Je travaille avec eux depuis cinq ans.
18. Il est en visite chez nous depuis quinze jours.

Les jours de la semaine :

lundi,	**al-iṡnaïn**	*vendredi,*	**al-joum^{c}a^{h}**
mardi,	**aṡ-ṡoulâṡâ'**	*samedi,*	**as-sabt**
mercredi,	**al-ar^{r}bi^{c}â'**	*dimache*	**al-ah^{h}ad**
jeudi,	**al-h^{r}amîs**		

Le vendredi est le jour de la prière communautaire et, souvent, le jour férié dans le monde arabe.

A17 al-bâr^{r}ih^{h}a^{h} / mounżou. البارحة / منذ

1. wa<u>s</u>alnâ al-bâr^{r}ih^{h}a^{h}. وصَلنا البارحة
2. wa<u>s</u>alnâ al-ousboû^{c} ø-l-mâ<u>d</u>î وصلنا الأُسبَوع الماضي
3. talfana lî al-ah^{h}adø-l-mâ<u>d</u>î تلفن لي الأحَد الماضي
4. touwouffiya as-sana-l-mâ<u>d</u>iya^{h}.

   توفي السنة الماضية
5. woulidat ^{c}âm 1970 ولدت عام ١٩٧٠.
6. zourtou-l-<u>k</u>âhir^{r}a^{h} fî aïloûlø-l-mâ<u>d</u>î.

   زرت القاهرة في أيلول الماضي
7. ba<u>k</u>iynâ chahr^{r} بقينا شَهْر

8. wa<u>s</u>alnâ mounżou ousboû^{c} وصلنا منذ أسبوع
9. wa<u>s</u>alnâ mounżou yawmaïn. وصلنا منذ يومين
10. r^{r}a'aïtouhou mounżou sanataïn. رأيْتُه منذ سنتين
11. râdar^{r}oû dimach<u>k</u> mounżou ^{c}achr^{r} sinîn.

    غادروا دمشق منذ عشر سنين
12. h^{h}ajaztou ma<u>k</u>^{c}adaïn mounżou ousboû^{c}aïn.

    حجزت مقعدين منذ أسبوعين

13. naskoun hounâ mounżou ṡamâniyat sinîn.

    نسكن هنا منذ ثمانية سنين
14. anâ hounâ mounżou-l-bâr^{r}ih^{h}a masa'an.

    أنا هنا منذ البارحة مساءً
15. nah^{h}nou hounâ mounżou-ṡ-ṡoulâṡâ'ø-l-mâ<u>d</u>î.

    نحن هنا منذُ الثُلاثاء الماضي
17. a^{c}mal ma^{c}a-houm mounżou h^{r}ams sinîn.

    أعمَل معَهُم منذ خمْس سنين
18. yazoûr^{r}ø-nâ mounżou h^{r}amsat ^{c}achar^{r} yawm.

    يزورنا منذ خمسة عشر يوم .

■ *Depuis* et *il y a*, **mounżou**, منذ.
• pour exprimer *il y a* : verbe accompli + **mounżou**, مُنْذُ
wa<u>s</u>ala mounżou sâ^{c}a^{h}, *il est arrivé il y a une heure.*
• pour exprimer *depuis* : verbe inaccompli + **mounżou**
ya^{c}mal mounżou sâ^{c}a^{h}, *il travaille depuis une heure.*

■ **Rappel :**
• le duel se forme en ajoutant la terminaison **aïn** (ou **ân**) au mot. **yawm**, *un jour* → **yawmaïn**, *deux jours.*
• le nom placé après un chiffre :
– de 3 à 10, se met au pluriel (ph. 11. 13 et 17).
– au-delà de ce chiffre, il reste au singulier (ph. 18) : *15 ans* se dit **15 sana^{h}** et non pas **15 sinîn**.

➡ **Retenez aussi :**
al-ah^{h}ad al-<u>k</u>âdim (ou **al-jâïy**), *dimanche prochain*
al-ah^{h}ad al-ma<u>d</u>î (ou **al-fâ'it**), *dimanche dernier*
al-yawm al-ah^{r}îr^{r} mina-l-ousboû^{c}, *le dernier jour de la semaine*
radan, *demain* (☕ **boukr^{r}a^{h}**)
ba^{c}da rad, *après demain* (☕ **ba^{c}d boukr^{r}a^{h}**).
ams, أمْسِ, est souvent utilisé pour **al-bâr^{r}ih^{h}a^{h}**, *hier.*
<u>s</u>abâh^{h}an, صباحًا, *le matin, au matin.*
laïlan, ليلاً, *de nuit, la nuit.*
Les moments forts de la journée :
• **fajr^{r}**, *aurore*
• **<u>s</u>oubh^{h}**, *lever du soleil*
• **<u>d</u>ouh^{h}â**, *milieu de la matinée*
^{c}a<u>s</u>r^{r}, *milieu de l'après-midi*
marr^{r}ib, *coucher du soleil*
^{c}ichâ', *tombée de la nuit.*

• **fajr^{r}**, **<u>ż</u>ouhr^{r}** (*midi*), **^{c}a<u>s</u>r^{r}**, **marr^{r}ib** et **^{c}ichâ'** marquent les cinq moments de la prière musulmane.
al-rar^{r}b, *l'Occident*
al-marr^{r}ib, *le Maghreb*
ach-char^{r}<u>k</u>, *l'Orient*
al-machr^{r}i<u>k</u>, *le Proche-Orient*

A. Quelles sont parmi les phrases suivantes celles qui indiquent une action (ou une situation) qui dure encore ?

1. **naskoun fî hâża-l-châr^{r}i^{c} mounżou h^{r}ams sinîn.**
2. **adr^{r}ousø-l-^{c}ar^{r}abiya^{h} mounżou sanataïn.**
3. **sakannâ fî hâża-l-châr^{r}i^{c} mounżou ^{c}achr^{r} sinîn.**
4. **dar^{r}astou-l-^{c}ar^{r}abiya^{h} mounzou sab^{c} sinîn.**
5. **a^{c}r^{r}ifø-hâ mounżou ṡalâṡ sinîn.**

B. Comment dites-vous en arabe :

1. *Il est sorti il y a une heure.*
2. *Elle est partie il y a deux semaines.*
3. *Elle est arrivée dimanche dernier.*
4. *Je l'ai vu il y a un mois.*
5. *Il travaille depuis ce matin.*
6. *Elle dort depuis trois heures.*

C. Que veut dire en français :

1. **yanâm mounżou sâ^{c}ataïn.**
2. **inna-hou râ'ib** (absent) **mounżou ^{c}ichr^{r}în yawm.**
3. **râdar^{r}-na-l-baït mounżou tis^{c}at aïyâm.**

SOLUTION

A. Ce sont les phrases 1. 2. et 5.

B.
1. **h^{r}ar^{r}aja mounżou sâ^{c}a^{h}.**
2. **żahabat mounzou ousboû^{c}aïn.**
3. **wasalat al-ah^{h}adø-l-mâdî.**
4. **ra'aïtou-hou mounżou chahr^{r}.**
5. **ya^{c}mal mounżou hâża-s-sabâh^{h}.**
6. **tanâm mounżou ṡalâṡ sâ^{c}ât.**

C.
1. *Il dort depuis deux heures.*
2. *Il est absent depuis vingt jours.*
3. *Nous avons quitté la maison il y a neuf jours.*

A18 Suggestions

1. Allons au cinéma.
2. Prenons une tasse de café.
3. Mettons la télé.
4. Fumons une cigarette.
5. Allons marcher un peu.
6. Allons travailler.

7. Pourquoi ne partons-nous pas maintenant ?
8. Pourquoi ne lui dites-vous (Leila) pas la vérité ?
9. Pourquoi n'achetez-vous pas une voiture neuve ?

10. Et si nous allions rendre visite à Mohamed ?
11. Et si nous dînions maintenant ?
12. Et si tu te taisais ?
13. Et si on se levait de bonne heure demain ?
14. Et si on allait à la campagne ?

15. Nous pourrions dîner au restaurant.
16. Nous pourrions regarder un film à la télé.
17. Ne pourrions-nous pas jouer au tennis après le déjeuner ?

Prononciation, rappel :
le signe ø se prononce plutôt **é** devant l'article et plutôt **e** devant certains possessifs (cf. pp. 23. 30 et 36).

A18 ik̲tir^{r}âh^{h}ât — إقتراحات

1. li-nażhab ila-s-sînémâ. — لنَذهَبْ إلى السّينما
2. li-nachr^{r}ab finjân k̲ahwa^{h}. — لَنشرَبْ فنجان قهوة
3. li-nouch^{c}ilø-t-talvaza^{h}. — لَنُشعِل التّلفَزة
4. li-noudah^{r}h^{r}in sîjâr^{r}a^{h}. — لَنُدَخّن سيجارة
5. haïyâ namchî k̲alîlan. — هيّا نمشي قليلاً
6. haïyâ ila-l-^{c}amal. — هيّا إلى العمل

7. wa-lima lâ nasîr^{r}ø-l-ân. — ولمَ لا نسير الآن ؟
8. wa-lima lâ tak̲oûlîn la-hou-l-h^{h}ak̲îk̲a^{h} ?
   ولمَ لا تقولين له الحقيقة ؟
9. wa-lima lâ tachtar^{r}î saïyâr^{r}a^{h} jadîda^{h} ?
   ولمَ لا تشتَري سيّارة جديدة ؟

10. mâ r^{r}a'yø-koum bi-ziyâr^{r}a^{h} li-mouh^{h}ammad ?
    ما رأيكم بزيارة لمُحمّد ؟
11. mâ r^{r}a'yø-koum law ta^{c}achchaïnâ al-'ân ?
    ما رأيكم لو تعَشّينا الآن ؟
12. h^{h}abbażâ law taskout. — حبّذا لَوْ تسكُت
13. h^{h}abbażâ law nanhad̲ bâkir^{r}an, radan.
    حبّذا لو ننهَض باكراً غداً
14. laïta-nâ nażhab 'ila-r^{r}-r^{r}îf. — لَيْتَنا نذهب إلى الرّيف

15. youmkinø-nâ an nata^{c}achchâ fi-l-mat̲^{c}am.
    يُمكننا أن نتعشّى في المطعم
16. youmkinø-nâ an nouchâhid film ^{c}ala-t-talvaza^{h}.
    يمكننا أن نُشاهِد فيلم على التّلفزة
17. alâ youmkinø-nâ an nal^{c}ab bi-t-tennîs ba^{c}da-l-radâ' ? — ألا يمكننا أن نلعَب بِالتّنيس بعد الغداء ؟

■ *Suggérer, inviter.* Pour exprimer la suggestion ou l'invitation, l'arabe utilise plusieurs procédés :
1. le verbe à l'« inaccompli » à la 1e personne du pluriel précédé de la conjonction **li**, لِ (ph. 1.4) : **li-nażhab**, *allons.*
2. **haïyâ**, هيّا, suivi de l'« inaccompli » : **haïyâ nażhab**, *allons* (ph. 5.6).
3. **limâ lâ**, *pourquoi ne... pas*, suivi de l'« inaccompli » (ph. 7 à 9).
4. **mâ r^{r}a'y-ak** suivi de :
• **bi** + infinitif : **mâ r^{r}a'y-ak bi-ziyâr^{r}a^{h} li-mouh^{h}ammad**, *que penses-tu de (aller) rendre visite à Mohammed ?* (ph. 10).
• **law** + v. accompli : **mâ r^{r}a'y-ak law ta^{c}achchaïnâ**, *que penses-tu si on dînait ?* (ph. 11).
5. **h^{h}abbażâ law**, *ce serait bien si…* (ph. 12. 13).
6. **laïta** + pronom affixe + verbe à l'« inaccompli », *ce serait souhaitable si…* (ph. 14).

➲ Mais la suggestion peut être rendue plus simplement par l'expression **youmkinø-nâ an**, *nous pourrions* (« il nous est possible de… » ; ph. 15.16)), **alâ youmkinø-nâ an**, *ne pourrions-nous pas* (« ne nous est-il pas possible de… », ph.17), suivi dans les deux cas de l'« inaccompli » conjugué.

➡ **Retenez aussi :**
foutoûr^{r} ou **tar^{r}wîka^{h}**, *petit déjeuner* (**yaftour^{r}**, *il prend le petit déjeuner.*)
radâ', *déjeuner* (**yataraddâ**, *il déjeune*).
^{c}achâ', *dîner* (**yata^{c}achchâ**, *il dîne*).
^{c}asr^{r}oûniya^{h}, *goûter* (**yata^{c}asr^{r}an**, *il prend le goûter*).
atanazzah, *je me promène.*

yallâ, يلّا, *allons, allons-y.*

A. Que veut dire en français :

1. **li-nażhab ila-l-masbah^{h}.**
2. **limâ lâ tachr^{r}ab finjân kahwa^{h} ma^{c}î ?**
3. **haïyâ nata^{c}achchâ fî mat^{c}am.**
4. **mâ r^{r}a'y-ak bi-ka's ^{c}ar^{r}ak ?**
5. **h^{h}abbażâ law tousâ^{c}idø-nî kalîlan.**
6. **laït-ak ta'tî ma^{c}a-nâ ila-r^{r}-r^{r}îf ?**

B. Comment dites-vous en arabe :

1. *Allons au restaurant.*
2. *Travaillons un peu.*
3. *Allons manger.*
4. *Nous pourrions prendre un café.*
5. *Pourquoi ne nous promenons-nous pas un peu ?*

SOLUTION

A. 1. *Allons à la piscine.*
2. *Pourquoi ne boirais-tu pas une tasse de café avec moi ?*
3. *Allons dîner au restaurant.*
4. *Et si nous prenions un verre d'arak ?*
5. *Et si tu m'aidais un peu ?*
6. *Et si tu venais avec nous à la campagne ?*

B. 1. **li-nażhab ila-l-mat^{c}am.**
2. **li-nachtaril kalîlan.**
3. **haïyâ na'koul.**
4. **youmkinø-nâ an nachr^{r}ab kahwa^{h}.**
5. **limâ lâ natanazzah kalîlan.**

A19 À / Avant / Après / Pendant

À

1. Réveillez-moi à 7 heures, SVP.
2. Soyez prêts à 10 heures.
3. À quelle heure arriverez-vous ?

Avant / Avant que

4. Nous voulons vous dire au revoir avant de partir (pl.).
5. Voulez-vous vous doucher avant le repas (avant de manger) ?
6. Je vous prie de téléphoner avant de venir.
7. On ne vous laissera pas partir avant le repas (pl.).
8. Je ne lui ai pas dit au revoir avant qu'il parte.

Après / Après que

9. Ne partez pas après le coucher du soleil.
10. Ne vous couchez pas après minuit (pl.).
11. Vous ne partirez qu'après la fête (pl.).

Pendant

12. Je l'ai rencontrée pendant les vacances.
13. Je l'ai rencontrée pendant mon séjour.
14. J'ai parlé avec lui pendant l'exposition.

^{c}alâ / fî على / في

1. aïkiźnî (^{c}alâ) as-sâ^{c}a^{h} sab^{c}a^{h} min fadl-ak.
أيْقِظْني (على) السّاعة سبعة من فضلك
2. koun jâhiz (^{c}alâ) as-sâ^{c}a^{h} ^{c}achra^{h}.
كُن جاهِز (على) السّاعة ١٠.
3. fi aï sâ^{c}a^{h} sa-tasil ? في أيّ ساعة ستَصِل ؟

kabla / kabla an قبل / قبل أن

4. nour^{r}îd an nouawwaddi^{c}ø-koum kabla an nousâfir^{r} نُريد ان نُوَدّعكم قبلَ أن نُسافر
5. hal tawadd an tatah^{h}ammam kabla an ta'koul ?
هل تَوَدّ أن تتَحَمّم قبل أن تأكل ؟
6. ar^{r}joû=ka an toutalfin kabla an ta'tî
أرجوك ان تتلفن قبل ان تأتي
7. lan natr^{r}oukø-koum tousâfir^{r}oûn kabla-l-'akl
لن نتركِكم تسافرون قبل الأكل
8. lam ouwaddi^{c}ø-hou kabla an yousâfir^{r}
لم أودّعه قبل ان يسافر

ba^{c}da / ba^{c}da an بعد / بعد ان

9. lâ tousâfir^{r} ba^{c}da-l-marr^{r}ib لا تُسافرْ بعدَ المغرب
10. lâ tanâmoû ba^{c}da nisfø-l-laïl
لا تناموا بعد نصف اللَيْل
11. lan tourâdir^{r}oû illâ ba^{c}da-l-^{c}îd
لن تغادروا إلا بعد العيد

aśnâ'a أثناء

12. iltakaïtou bi-hâ aśnâ'a-l-^{c}outla^{h}
إلتَقَيتُ بِها أثناءَ العُطلة
13. iltakaïtou bihâ aśnâ'a 'ikâmatî
إلتَقَيتُ بها أثناء إقامتي
14. tah^{h}addaśtou ma^{c}a-hou aśân'a-l-ma^{c}r^{r}ad.
تحدثت معه أثناء المعرض

■ *À 7 heures* se dit en arabe **^{c}ala-s-sâ^{c}a^{h} sab^{c}a^{h}** ou plus simplement **as-sâ^{c}a^{h} sab^{c}a^{h}**.

■ **kabla**, *avant* et **ba^{c}da**, *après*, peuvent être suivis :
• soit de l'infinitif qui fonctionne en arabe comme un nom,
• soit de **an** + verbe inaccompli.
Je ne mange pas avant de dormir se dira de deux manières :
lâ âkoul kabl-n-nawm, « … avant le fait de dormir »,
lâ âkoul kabla an anâm, « … avant que je dorme ».

■ **Pour exprimer l'ordre**, l'arabe utilise l'impératif qui ne se conjugue qu'à la 2e personne :
sâfir^{r}, *pars* (Sami), **sâfir^{r}î**, *pars* (Leila), **sâfir^{r}oû**, *partez.*

■ **Pour exprimer la défense**, on utilise **lâ** suivi de l' « inaccompli » à la 2e personne :

lâ tousafir^{r}, *ne pars pas,*
lâ tousâfir^{r}î, *ne pars pas* (f).
lâ tousâfir^{r}oû, *ne partez pas.*

■ *Ne ... pas* avec le futur : **lan** + verbe « inaccompli ».
Nous ne vous laisserons pas, **lan natr^{r}oukø-koum** (ph. 7).
Rappel : le futur affirmatif se construit avec **sa** + verbe « inaccompli ».

➡ **Retenez aussi :**
jâ'a, yajî', synonyme de **atâ, ya'tî**, *venir.*
r^{r}âh^{h}a, yar^{r}oûh^{h}, synonyme de **żahaba, yażhab**, *aller.*
dakîka^{h} (dakâ'ik), *minute* ; **ṡâniya^{h} (ṡawânî)**, *seconde.*

> ☕ Pour *avant que/après que*, on utilise **kabla mâ/ba^{c}da mâ**
> Pour exprimer le futur : **baddî/rah^{h}** + verbe
> Pour exprimer *ne ... pas* avant le futur: **mâ baddî /mâ rah^{h}** :
> • **baddî/rah^{h} anâm**, *je vais dormir*
> • **ma baddî/mâ rah^{h} âkoul**, *je ne mangerai pas.*

A. Que veut dire en français :

1. **lan ah^{r}r^{r}ouj kabla-s-sâ^{c}a^{h} ṡamâniya^{h} masâ'an.**
2. **lâ tah^{r}r^{r}ouj ba^{c}da-l-^{c}achâ'** (*le dîner*).
3. **our^{r}îd an atah^{h}ammam kabla an anâm.**
4. **sa-âkoul ba^{c}da an ta'tî.**
5. **ta^{c}âla ^{c}ala-ż-żouhr^{r}.**
6. **aïkiżnî, min fadl-ak, ba^{c}da h^{r}amsa^{h} wa-^{c}ichr^{r}în dakîka^{h}.**

B. Comment dites-vous en arabe :

1. *Ne téléphone pas (m) après 22 h.*
2. *Ne partez pas avant de manger (pl.).*
3. *Ne sors pas après minuit (Leila).*
4. *Ne dors pas (maintenant (Leila).*
5. *Je ne dormirai pas dans (après) une heure.*
6. *Tu ne partiras pas seul* (**wah^{h}d-ak**).
7. *Tu ne m'as pas dit au revoir avant de partir.*

SOLUTION

A.

1. *Je ne sortirai pas avant 20 h.*
2. *Ne sors pas après le dîner.*
3. *Je voudrais prendre la douche avant de me coucher.*
4. *Je mangerai quand tu seras venu* («après que tu viennes»).
5. *Viens à midi.*
6. *Réveille-moi, s'il te plaît, dans 25 minutes.*

B.

1. **lâ toutalfin ba^{c}da-s-sâ^{c}a^{h} ^{c}âchr^{r}a^{h} masâ'an.**
2. **lâ tourâdir^{r}oû kabla an ta'kouloû.**
3. **lâ tah^{r}r^{r}oujî ba^{c}da nisfø-l-laïl.**
4. **lâ tanâmî al-'ân.**
5. **lan anâm ba^{c}da sâ^{c}a^{h}.**
6. **lan tażhab wah^{h}d-ak.**
7. **lam touwaddi^{c}-nî kabla an tousâfir^{r}.**

A20 On m'a offert

1. On m'a offert une belle montre.
2. On m'a réglé toute la somme.
3. On m'a invité avec ma femme.
4. On m'a promis une réponse rapide.
5. On l'a conduit directement à l'hôtel.
6. On parle anglais ici.

7. On lui a proposé un nouveau travail.
8. On l'a transporté à l'hôpital.
9. Son frère a été tué dans un accident.
10. Il est né en 1960.
11. Sa voiture a été volée il y a une semaine.
12. Il a été vu pour la dernière fois dimanche dernier.
13. Le contrat a été signé ce matin.

14. Ce problème doit être résolu.
15. Répondez quand on vous interroge.
    (répondez quand vous êtes interrogé)

16. Ma voiture a été réparée par mon voisin.
    (ma voiture, mon voisin l'a réparée)
17. Ce roman a été écrit par un grand écrivain.
    (ce roman, un grand écrivain l'a écrit)
18. Nous serons reçus par le directeur à midi.
    (le directeur nous recevra à midi)
19. On ne peut pas réparer cette montre.
    (cette montre n'est pas réparable)
20. On ne peut pas ouvrir cette porte.
    (cette porte ne s'ouvre pas)
21. Cela ne se fait pas.

* Le possessif **hou** devient **hi** après certaines voyelles.

A20 kaddamoû lî قدمو لي

1. kaddamoû lî sâ^{c}a^{h} jamîla^{h}. قدّموا لي ساعة جميلة
2. dafa^{c}oû lî koullø-l-mablar. دفعوا لي كُلّ المَبلَغ
3. da^{c}oû-nî ma^{c}a zawjatî. دعوني مع زوجتي
4. wa^{c}adoû-nî bi-jawâb sar^{r}î^{c} وعدوني بجواب سريع
5. kâdoû-hou moubâchar^{r}atan ila-l-foundouk.
   قادوه مباشرة الى الفندق
6. hounâ natakallamø-l-'inkliziya^{h}.
   هُنا نتَكَلّم الانكليزيّة
7. ^{c}our^{r}ida ^{c} alaïhi* ^{c} amal jadîd عرض عليه عملَ جديد
8. noukila ila-l-moustachfâ. نقل الى المستشفى
9. koutila ah^{r}oû-hou fî h^{h}âdiṡ. قُتل أخوه في حادث
10. woulida ^{c}âm 1960. وُلِدَ عام ١٩٦٠.
11. saïyâr^{r}atø-hou sour^{r}ikat mounżou ousboû^{c}
    سيّارته سُرِقَت مُنذ أُسبوع
12. choûhida 'âh^{r}ir^{r} mar^{r}r^{r}a^{h} al-'ah^{h}adø-l-mâḋî.
    شوهِد آخِر مَرّة الأحَد الماضي
13. woukki^{c}a-l-^{c}akd hâża-l-sabâh^{h}
    وُقِّع العَقْد هذا الصّباح
14. hâżihi-l-mouchkila^{h} yajib an touh^{h}all.
    هذه المُشكلة يجب أن تُحَلّ
15. ajib ^{c}indamâ tous'al. أجب عندمَا تُسأل
16. saïyâr^{r}atî salah^{h}a-hâ jâr^{r}î. سيّارتي ، صلّحها جاري
17. hażihi-r^{r}-r^{r}iwâya^{h} allafa-hâ kâtib kabîr^{r}
    هذه الرِّواية ألّفها كاتب كبير
18. sa-yastakbilø-na-l-moudîr^{r} żouhr^{r}an.
    سيستقبلنا المدير ظهراً
19. hâżihi-s-sâ^{c}a^{h} lâ tousallah^{h}. هذه السّاعة لا تصلُح
20. hâża-l-bâb lâ yanfatih^{h}. هذا الباب لا ينفَتِح
21. hâżâ lâ yajoûz. هذا لا يجوز

■ *On* est rendu en arabe, généralement, par *ils* (ph. 1 à 5) ou *nous* (ph. 6) :

On m'a offert..., **kaddamoû lî**.., « ils m'ont offert... »

On parle arabe, **natakallamø-l-^{c}ar^{r}abiya^{h}**, "nous parlons l'arabe".

Dans certains cas, *on* peut être rendu par la voix passive (ph. 7 à 15) : *il a volé*, **sar^{r}aka**, mais *il a été volé*, **sour^{r}ika**

■ **La forme passive :**

L'arabe n'emploie la forme passive que si le complément d'agent (le sujet réel) n'est pas mentionné :

saïyâr^{r}atø-hou sour^{r}ikat, *sa voiture a été volée* (ph. 11. 9).

En revanche, pour rendre *ma voiture a été réparée par mon voisin*, l'arabe dit *ma voiture, mon voisin l'a réparée* (ph. 16 et 17). Car le sujet (*mon voisin*) est mentionné.

■ *On peut / on ne peut pas* ... peut être rendu, parfois, par un verbe pronominal : hâz-l-bâb lâ yanfatih, on ne peut ouvrir cette porte(m. à m. "cette porte ne s'ouvre pas", ph. 20).

■ **Le comparatif** *moins ... que* se forme ainsi :

akall + le substantif correspondant à l'adjectif + **min**

Jamal est moins savant que Mounir, **jamâl akall ^{c}ilm min mounîr^{r}** ;

Jamal est moins bavard que Mounir, **jamâl akall ṡar^{r}ṡar^{r}a^{h} min mounîr^{r}**.

■ **Le superlatif** *le moins...* se forme ainsi :

al-akall + le substantif correspondant à l'adjectif.

Jamal est le moins savant, **jamâl houwa al-akall ^{c}ilm** ;

Jamal est le moins bavard, **jamâl houwa al-akall ṡar^{r}ṡar^{r}a^{h}**.

A20	**kaddamoû lî**	**ENTRAÎNEZ-VOUS**

A. Que veut dire en français :

1. **kaddamoû la-nâ al-radâ'.**
2. **da^{c}oû-nâ ila-l-mat^{c}am.**
3. **wa^{c}adoû-hou bi-sâ^{c}a^{h} jamila^{h}.**
4. **kâloû lî an âtî al-'ân.**
5. **sa'aloû-hou sou'âl sa^{c}b.**

B. Comment dites-vous en arabe :

1. *On aime beaucoup la TV.*
2. *On a volé (voler :* **saraka***) notre voiture.*
3. *On m'a dit que vous n'aimez pas l'alcool* (**kouh^{h}oûl**).
4. *Elle n'aime pas qu'on lui dise qu'elle est belle.*
5. *Ma clé a été retrouvée* (**wajada, yajid**)*parr ma femme.*
6. *Le malade a été transporté à l'hôpital en taxi.*
7. *Le billet* (**bitâka^{h}**) *a été offert par le directeur.*
8. *Ce plat* (**tabak**) *a été fait par ma mère.*
9. *Cette voiture n'a pas été réparée par moi.*

SOLUTION

A. 1. *On nous a présenté le déjeuner.*
2. *On nous a invités au restaurant.*
3. *On lui a promis une belle montre.*
4. *On m'a dit de venir maintenant.*
5. *On lui a posé une question difficile.*

B. 1. **nouh^{h}ibbø-t-talvaza^{h} kasîr^{r}an.**
2. **sour^{r}ikat saïyâr^{r}atø-nâ.**
3. **kâloû lî ann-ak lâ touh^{h}ibbø-l-kouh^{h}oûl.**
4. **lâ touh^{h}ibb an youkoûloû la-hâ anna-hâ jamîla^{h}.**
5. **miftâh^{h}î, wajadat-hou zawjatî.**
6. **al-mar^{r}îd noukila ila-l-moustachfâ bi-t-taxî.**
7. **al-bitâka^{h} kaddama-ha-l-moudîr^{r}.**
8. **hâza-t-tabak sana^{c}at-hou oummî.**
9. **hâzihi-s-saïyâr^{r}a^{h} lam ousallih^{h}ø-hâ anâ.**

B1 Manger et boire 1
al-akl wa-ch-chour^{r}b 1

j'ai faim	**anâ jaw^{c}ân**	أنا جوعان
j'ai soif	**anâ ^{c}atchân**	أنا عطشان
plat	**tabak**	طبق
boisson	**machr^{r}oûb**	مشروب
repas	**wajba^{h}**	وجبة
petit déjeuner	**foutoûr^{r}**	فطور
déjeuner	**r^{r}adâ'**	غداء
le dîner	**^{c}achâ'**	عشاء
restaurant	**mat^{c}am**	مطعم
table	**mâ'ida^{h}**	مائدة
chaise	**kour^{r}siy**	كرسيّ
assiette	**sah^{h}n**	صحن
verre	**ka's**	كأس
couteau	**sikkîn**	سكّين
fourchette	**chawka^{h}**	شوكة
cuillère	**mil^{c}aka^{h}**	ملعقة
serviette	**foûta^{h}**	فوطة
bouteille	**kinnîna^{h}**	قنينة
carafe	**ibr^{r}îk**	إبريق
de la viande	**lah^{h}m**	لحم
bœuf	**bakar^{r}**	بقر
mouton	**da'n/ h^{r}âr^{r}oûf**	ضأن/ خروف
veau	**^{c}ijl**	عجل
porc	**h^{r}inzîr^{r}/ h^{h}alloûf**	خنزير / حِلّوف
poulet	**dajâj / far^{r}r^{r}oûj**	دجاج / فروج
jambon	**jamboûn**	جامبون
saucisse	**makânik**	مقانق
poisson	**samak**	سمك
servir le repas	**kaddama-t-ta^{c}âm**	قدم الطعام
prendre le repas	**tanâwala-t-ta^{c}âm**	تناول الطعام
coûter	**kallafa, youkallif**	كلّف ، يكلّف

A. Pour se renseigner (où ? quand ? combien ?) :
1. *Connaissez-vous un bon restaurant ?*
2. *Savez-vous à quelle heure on sert le petit déjeuner ?*
3. *Combien coûte un dîner dans ce restaurant ?*
4. *Y a-t-il du veau ? - Non, mais il y a du mouton.*

B. Pour demander / réclamer :
1. *J'aimerais prendre le petit déjeuner à 8 heures.*
2. *Je voudrais de l'eau / Je voudrais boire.*
3. *Auriez-vous un autre verre, une autre chaise ?*
4. *Il / Elle voudrait du mouton.*

C. Proposer / Préférer :
1. *Et si nous mangions du veau ?*
2. *Nous ferions mieux de dîner ici.*

D. Aimer / Ne pas aimer :
1. *J'aime la viande. / Je n'aime pas le poisson.*
2. *Aimez-vous le veau ? - Oui.*

SOLUTION

A. 1. **hal ta^{c}r^{r}if mat̲^{c}am jaïyid** ?
2. **hal ta^{c}r^{r}if matâ youk̲addimoûnø-l-fout̲oûr^{r}** ?
3. **kam youkallifø-l-^{c}achâ' fî hâża-l-mat̲^{c}am** ?
4. **hal yoûjad lah^{h}m ^{c}ijl ? - lâ, lâkin hounâka lah^{h}m d̲a'n**.

B. 1. **awad an atanâwalø-l-foutoûr^{r} as-sâ^{c}a ṡamâniya^{h}**.
2. **our^{r}îd mâ' min fad̲l-ak / our^{r}îd an achrab^{r}**.
3. **hal ^{c}indakoum, min fad̲l-ak, ka's âh^{r}ar^{r}, kour^{r}siy âh^{r}ar^{r}** ?
4. **your^{r}îd / tour^{r}îd, min fad̲l-ak, lah^{h}m da'n**.

C. 1. **mâ r^{r}a'yø-koum an na'koul lah^{h}m ^{c}ijl** ?
2. **mina-l-afd̲al an nata^{c}achchâ hounâ**.

D. 1. **ouh^{h}ibbø-l-lah^{h}m, lâ ouh^{h}ibbø-s-samak**.
2. **hal touh^{h}ibb lah^{h}mø-l-^{c}ijl ? - na^{c}am**.

légumes	**h^{r}oudâr^{r}**	خضار
pommes de terre	**baṯâṯâ**	بطاطا
frites	**baṯâṯâ maḵliya^{h}**	بطاطا مقلية
carottes	**jazar^{r}**	جزر
haricots	**fâsoulyâ**	فاصوليا
couscous	**kouskoûs**	كسكس
boulgour	**bour^{r}roul**	برغل
riz	**r^{r}ouzz**	رز
salade	**salaṯa**	سلطة
huile	**zaït**	زيت
vinaigre	**h^{r}all**	خل
sel	**milh^{h}**	ملح
poivre	**foulfoul**	فلفل
harissa	**har^{r}îsa^{h}**	هريسة
lait	**h^{h}alîb**	حليب
fromage	**joubna^{h}**	جبنة
beurre	**zoubda^{h}**	زبدة
œufs	**baïḏ**	بيض
sucre	**soukkar^{r}**	سكر
confiture	**mour^{r}abbâ**	مربى
fruits	**fawâkih**	فواكه
pommes	**touffâh^{h}**	تفاح
abricots	**michmich**	مشمش
bière	**bîr^{r}a^{h}**	بيرة
eau	**mâ'**	ماء
vin	**h^{r}amr^{r} / nabîẕ**	خمر / نبيذ
café	**ḵahwa^{h}**	قهوة
thé	**châï**	شاي

B2 ENTRAÎNEZ-VOUS

A. Demander ou proposer en arabe :

1. *Je voudrais un peu de salade avec de la viande.*
2. *Pourriez-vous me donner le vinaigre ?*
3. *Est-ce que vous avez de la harissa ?*
4. *Voulez-vous un peu plus de couscous ?*
5. *Qui veut du café ?*
6. *Qu'est-ce que vous préférez, du vin ou de la bière ?*

B. Remplacer *beaucoup* **(kaṡîr^{r}) par** *pas assez* **(mâ / lâ ... kifâya^{h})**

1. **^{c}indî kaṡîr^{r} mina-l-batâtâ.**
2. **^{c}ind-ak kaṡîr^{r} mina-l-kahwa^{h}.**
3. **^{c}inda-hou kaṡîr^{r} mina-ch-châï.**

C. Remplacer par la forme négative :

1. **ouh^{h}ibbø-l-fawâkih.**
2. **touh^{h}ibbîna-l-joubna^{h}.**
3. **youfaddilø-l-bîr^{r}a^{h}.**
4. **noufaddilø-l-mâ'.**

SOLUTION

A. 1. **our^{r}îd min fadl-ak kalîl mina-s-salata ma^{c}a lah^{h}m.**
2. **hal youmkin-ak an tou^{c}tî-ni-l-h^{h}all ?**
3. **hal ^{c}ind-ak har^{r}îsa ?**
4. **hal tour^{r}îd mazîd mina-l-kouskous ?**
5. **man your^{r}îd kahwa^{h} ?**
6. **mâzâ toufaddil an-nabîż awi-l-bîr^{r}a^{h} ?**

B. 1. **mâ ^{c}indî kifây^{h} mina-l-batâtâ.**
2. **mâ ^{c}ind-ak kifâya^{h} mina-l-kahwa^{h}.**
3. **mâ ^{c}inda-hou kifây^{h} mina-ch-châï.**

C. 1. **lâ ouh^{h}ibbø-l-fawâkih.**
2. **lâ touh^{h}ibbîna-l-joubna^{h}.**
3. **lâ youfaddilø-l-bîr^{r}a^{h}.**
4. **lâ noufaddilø-l-mâ'.**

s'habiller, mettre	**labisa ṡiyâbø-hou**	لبس ثيابه
se déshabiller	**h^{r}ala^{c}a ṡiyâbø-hou**	خلع ثيابه
mettre	**ir^{r}tadâ, yar^{r}tadî**	ارتدى
il me va (taille)	**younâsibø-nî**	يناسبني
il me va (style...)	**yalbak lî**	يلبق لي
essayer	**jar^{r}r^{r}aba**	جرب
chaussures	**h^{h}iżâ'**	حذاء
bottes	**jazma^{h}**	جزمة
collant	**collan**	كولان
chaussettes	**jawâr^{r}ib**	جوارب
sous-vêtements	**siyâb dâh^{r}iliya^{h}**	ثياب داخلية
gilet de corps	**kamîs dâh^{r}iliy**	قميص داخلي
caleçon, culotte	**libâs tah^{h}tânî**	لباس تحتاني
pyjama	**bîjâmâ**	بيجاما / قميص نوم
cravate	**r^{r}abtat-^{c}ounk**	ربطة عنق
écharpe	**mindîl**	منديل
mouchoir	**mah^{h}r^{r}ama^{h}**	محرمة
paire de gants	**koufoûf**	كفوف
sac à main	**jizdân**	جزدان
parapluie	**chamsiya^{h}**	شمسية
bijoux	**h^{h}iliy / moujawhar^{r}ât**	حليّ / مجوهرات
bague	**h^{r}âtim**	خاتم
collier	**^{c}akd**	عقد
montre	**sâ^{c}at yad**	ساعة يد

Les principales couleurs

bleu(e)	**azr^{r}ak, zar^{r}kâ'**	أزرق ، زرقاء
blanc(che)	**abyad, baïdâ'**	أبيض ، بيضاء
rouge	**ah^{h}mar^{r}, hamr^{r}â'**	أحمر ، حمراء
jaune	**asfar^{r}, safr^{r}â'**	أصفر ، صفراء
vert(e)	**ah^{r}dar^{r}, h^{r}adr^{r}â'**	أخضر ، خضراء
noir(e)	**aswad, sawdâ'**	أسود ، سوداء
rose	**zahr^{r}**	زهر

A. Demandez en arabe :

1. *Combien coûte ce sac à main ?*
2. *Où pourrais-je trouver des sous-vêtements ?*
3. *Combien coûte cette montre ?*
4. *Où est mon écharpe ?*
5. *Où sont mes chaussettes ?*
6. *Voulez-vous essayer ces chaussures ?*
7. *As-tu un mouchoir dans ton sac à main ?*
8. *Où dois-je mettre mes bijoux ?*

B. Que veut dire en français :

1. **hâża-l-h^{h}iżâ' kabîr^{r} ^{c}alaïya.**
2. **^{c}inda-hâ h^{h}iliy jamîla^{h}.**
3. **hâża-l-foustân yalbaḵ laki.**
4. **jar^{r}r^{r}ib hâża-l-h^{r}âtim.**
5. **limâżâ lâ tah^{r}la^{c} r^{r}abṯatø-l-^{c}ounḵ ?**
6. **awadd an achtar^{r}î mi^{c}ṯaf azr^{r}aḵ.**

SOLUTION

A.
1. **kam yousâwî hâża-l-jizdân ?**
2. **aïna astaṯî ^{c} an ajid malâbis dâh^{r}iliya^{h} ?**
3. **kam tousâwî hâżihi-s-sâ^{c}a^{h} ?**
4. **aïna mindîlî ?**
5. **aïna jawâr^{r}ibî ?**
6. **hal tour^{r}îd an toujar^{r}r^{r}ib hâża-l-h^{h}izâ' ?**
7. **hal ^{c}ind-ik mah^{h}r^{r}ama^{h} fî jizdân-ik ?**
8. **aïna yajib an aḏa^{c} moujawh^{h}ar^{r}âtî ?**

B.
1. *Ces chaussures sont grandes pour moi.*
2. *Elle a de beaux bijoux.*
3. *Cette robe vous va bien.*
4. *Essayez cette bague.*
5. *Pourquoi n'enlevez-vous pas votre cravate ?*
6. *J'aimerais acheter un manteau bleu.*

B4 Les vêtements 2
aṡ-ṡiyâb 2

manteau	**mi^{c}taf**	معطف
imperméable	**mouchamma^{c}**	مشمع
costume	**badla^{h}**	بدلة
veste	**sitr^{r}a^{h}**	سترة
pantalon	**bantaloûn /bintal**	بنطلون/ بنطال
short	**bantaloûn kasîr^{r}**	بنطلون قصير
robe	**foustân**	فستان
jupe	**tannoûr^{r}a^{h} / joûb**	تنورة / جوب
corsage	**sadr^{r}iya^{h}**	صدرية
pull-over	**boullofer^{r} / sidâr^{r}**	بلوفر/ صدار
col	**kabba^{h}**	قبة
manche	**koumm**	كم
poche	**jaïb**	جيب
bouton	**zir^{r}r^{r}**	زر
ceinture	**zounnâr^{r}**	زنار
chapeau	**koubba^{c}a^{h}/bour^{r}naïta^{h}**	قبعة /برنيطة
lunettes	**nazzâr^{r}ât**	نظارات
lentilles de contact	**^{c}adasât lâsika^{h}**	عدسات لاصقة
laine	**souf**	صوف
coton	**koutn**	قطن
cuir	**jild**	جلد
nylon	**nâïloûn**	نايلون
tissu	**kimâch**	قماش

élégant	**anîk**	أنيق
mince	**r^{r}akîk**	رقيق
épais	**samîk**	سميك
léger	**h^{r}afîf**	خفيف
lourd	**ṡakîl**	ثقيل
chaud	**dâfi’**	دافئ
cher	**râlî**	غالي
bon marché	**r^{r}ah^{r}îs**	رخيص
court	**kasîr^{r}**	قصير
long (taille)	**tawîl**	طويل

A. Que veut dire en français :

1. **hal ᶜind-ak ṡiyâb dâfi'aʰ** ?
2. **aïna k̲oubbaᶜatî** ?
3. **hâża-l-bint̲âl k̲as̲îrʳ jiddan.**
4. **hâża-l-foustân t̲awîl jiddan.**
5. **mâżâ toufad̲d̲il : an-naż̲z̲ârʳât awø-l-ᶜadasâtø-l-lâs̲ik̲aʰ** ?
6. **aïna badlatî** ?

B. Demandez ou réclamez en arabe :

1. *Où pourrais-je trouver des vêtements bon marché ?*
2. *Savez-vous où sont les pantalons ?*
3. *Je voudrais une jupe blanche.*
4. *Je voudrais une veste en cuir.*
5. *Peux-tu me rapporter un pull-over ?*
6. *Est-ce que ce chapeau me va ?*
7. *Où as-tu oublié ton manteau ?*
8. *Où peux-tu acheter des boutons ?*

SOLUTION

A. 1. *Avez-vous des habits chauds ?*
2. *Où est mon chapeau ?*
3. *Ce pantalon est trop court.*
4. *Cette robe est trop grande (de taille).*
5. *Que préférez-vous : les lunettes ou les lentilles de contact ?*
6. *Où est mon costume ?*

B. 1. **aïna youmkinø-nî an ajid ṡiyâb rʳahʳîs̲aʰ** ?
2. **hal taᶜrʳif aïna-l-banât̲îl** ?
3. **ourʳîd min fad̲l-ak foustân abyad̲.**
4. **ourʳîd min fad̲l-ak sitrʳaʰ min jild.**
5. **hal tastat̲îᶜ an tajlib lî poullofer** ?
6. **hal hâżihi-l-k̲oubbaᶜaʰ talbak̲ lî** ?
7. **aïna nasiyta miᶜtaf-ak** ?
8. **aïna tastat̲îᶜ an tachtarʳî azrʳârʳ** ?

être chez soi	**mawjoûd fi-l-baït**	موجود في البيت
absent de chez soi	**r^{r}â'ib ^{c}ani-l-baït**	غائب عن البيت
rentrer chez soi	**^{c}âda ila-l-baït**	عاد الى البيت
habiter dans une maison	**yaskoun fî baït**	يسكن في بيت
banlieue	**dawâh^{h}i-l-madîna^{h}**	ضواحي المدينة
appartement	**chak̲k̲a^{h}**	شقّة
pavillon	**baït chah^{r}s̲îy**	بيت شخصي
centre-ville	**mar^{r}kizø-l-madîna^{h}**	مركز المدينة
	wast̲ø-l-madîna^{h}	وسط المدينة
jardin	**h^{h}adîk̲a^{h}**	حديقة
fleurs	**zouhoûr^{r}**	زهور
arbres	**chajar^{r}**	شجر
cour intérieure	**finâ'**	فناء
mur	**jidâr^{r} / h^{h}â'it**	جدار / حائط
fenêtre	**nâfiża^{h}/choubbâk**	نافذة / شبّاك
porte	**bâb**	باب
sonnette	**jar^{r}as**	جرس
serrure	**k̲ifl**	قفل
clef	**miftâh^{h}**	مفتاح
toit	**sak̲f**	سقف
escalier	**dar^{r}aj**	درج
ascenseur	**mis̲^{c}ad**	مصعد
propriétaire	**mallâk**	ملاك
locataire	**mousta'jir^{r}**	مستأجر
louer (propriétaire)	**ajjar^{r}a, you'ajjir^{r}**	أجر
louer (locataire)	**ista'jar^{r}a, yasta'jir^{r}**	استأجر
emménager	**intak̲ala ila-l-baït**	انتقل الى البيت
déménager	**intak̲ala mina-l-baït**	انتقل من البيت
chien	**kalb**	كلب
chat	**k̲it̲t̲a^{h}**	قطة

A. Que veut dire en français :

1. **hal taskoun fî hâża-l-baït** ?
2. **innahou raïr^{r} mawjoûd al-'ân.**
3. **matâ ya^{c}oûd** (ou **sa-ya^{c}oûd**) ?
4. **hal touh^{h}ibb an taskoun fî cha<u>kk</u>a^{h}** ?
5. **hal toufa<u>dd</u>il wasa<u>t</u>ø-l-madîna^{h} awi-<u>d</u>-<u>d</u>âh^{h}iya^{h}** ?

B. Dites ou demandez en arabe :

1. *Vous avez une très belle maison.*
2. *Combien de locataires y a-t-il ?*
3. *Où est la clé de la porte ?*
4. *Je voudrais habiter dans cet appartement.*
5. *Pourquoi fermez-vous la porte à clé ?*
6. *Quand emménagez-vous dans votre nouvel appartement ?*

SOLUTION

A. 1. *Est-ce que vous habitez dans cette maison ?*
2. *Il n'est pas là pour l'instant (maintenant).*
3. *Quand rentrera-t-il ?*
4. *Aimeriez-vous habiter dans un appartement ?*
5. *Préférez-vous le centre-ville ou la banlieue ?*

B. 1. **^{c}inda-koum baït jamîl jiddan.**
2. **kam mousta'jir^{r} fî hâża-l-baït** ?
3. **aïna miftâh^{h}ø-l-bâb** ?
4. **awadd an askoun fî hâżihi-ch-cha<u>kk</u>a^{h}.**
5. **limâżâ tourli<u>k</u>ø-l-bâb bi-l-miftâh^{h}** ?
6. **matâ tanta<u>k</u>il ilâ cha<u>kk</u>at-akø-l-jadîda^{h}** ?

sonner	**kar^{r}a^{c}a / dakka**	قرع / دق
ouvrir	**fatah^{h}a, yaftah^{h}**	فتح
fermer	**sakkar^{r}a/ arlaka**	سكر / أغلق
fermer à clé	**akfala, youkfil**	أقفل
clé	**miftâh**	المفتاح
chambre / pièce	**rour^{r}fa^{h}**	غرفة
plafond	**sakf**	سقف
coin	**zâwiya^{h}**	زاوية
couloir	**r^{r}iwâk / mamchâ**	رواق / ممشى
séjour	**rour^{r}fatø-l-ka^{c}da^{h}**	غرفة القعدة
cuisine	**matbah^{r}**	مطبخ
salle de bains	**h^{h}ammâm**	حمام
W.C.	**mir^{r}h^{h}âd**	مرحاض
meubles	**asâs**	أثاث
tapis	**sajjâda^{h}**	سجادة
rideaux	**satâ'ir^{r}**	ستائر
table	**tâwila^{h}**	طاولة
chaise	**kour^{r}siy**	كرسي
fauteuil	**kanaba^{h}**	كنبة
lit	**sar^{r}îr^{r} / tah^{r}t**	سرير / تخت
armoire	**h^{r}izâna^{h}**	خزانة
réfrigérateur	**bar^{r}r^{r}âd**	براد
évier	**majlâ**	مجلى
four	**four^{r}n**	فرن
four à micro-ondes	**four^{r}n micro-ond**	فرن ميكروأوند
casserole	**tanjar^{r}a^{h}**	طنجرة
faire le lit	**r^{r}attaba-s-sar^{r}îr^{r}**	رتب السرير
faire la vaisselle	**jalâ, yajlî**	جلى
allumer la lumière	**acha^{c}la ad-daw'**	أشعل الضوء
éteindre la lumière	**atfa'a-d-daw'**	أطفأ الضوء

splendide	**râ'i^{c}**	رائع
vaste/ large	**wâsi^{c}**	واسع
étroit	**daïyik**	ضيق

A. Que veut dire en français :

1. **youjad ṡalâṡat kanabâyât fi-s-sâloûn .**
2. **al-hammâm / mir^{r}h^{h}âd fî âh^{r}ir^{r}ø-l-mamchâ ?**
3. **^{c}inda-koum sajjâda r^{r}â'i^{c}a^{h}.**
4. **hażihi-t-tâwila^{h} li ^{c}achr^{r}at achh^{r}âs.**
5. **hal toufaddil matbah^{r} awsa^{c} ?**
6. **arlik bâbø-l-bar^{r}r^{r}âd min fadl-ak.**

B. Comment dites-vous en arabe :

1. *Le réfrigérateur est dans un coin de cuisine.*
2. *Avez-vous un four à micro-ondes ?*
3. *Dans quelle chambre dormez-vous ?*
4. *Combien de pièces y a-t-il dans cet appartement ?*
5. *Où est la salle de bains ?*
6. *Je voudrais avoir une grande cuisine.*
7. *Les rideaux sont trop petits pour cette fenêtre.*
8. *Pouvez-vous éteindre la lumière quand vous sortez ?*

SOLUTION

A. 1. *Il y a trois fauteuils dans le salon.*
2. *La salle de bain est / Les toilettes sont au bout du couloir.*
3. *Vous avez un tapis splendide.*
4. *Cette table est pour dix personnes.*
5. *Préféreriez-vous une cuisine plus grande ?*
6. *Fermez la porte du réfrigérateur, s'il vous plaît.*

B. 1. **al-bar^{r}r^{r}âd fî zâwiyatø-l-matbah^{r}.**
2. **hal ^{c}inda-koum four^{r}n bi-micr^{r}o-ond ?**
3. **fî ay rour^{r}fa^{h} tanâm ?**
4. **kam rour^{r}fa^{h} (youjad) fî hâżihi-l-chakka^{h} ?**
5. **aïna-l-h^{h}ammâm ?**
6. **our^{r}îd min fadl-ak matbah^{r} awsa^{c}.**
7. **as-satâ'ir^{r} kaşîr^{r}a^{h} jiddan ^{c}alâ hâża-ch-choubbâk.**
8. **hal youmkin-ak an toutfi'ø-d-daw' ^{c}indamâ tah^{r}r^{r}ouj ?**

voyager	sâfar^{r}a, yousâfir^{r}	سافر
voyageur	mousâfir^{r}	مسافر
voyage	r^{r}ihla^{h} / safar^{r}	رحلة / سفر
faire un voyage	kâma bi-r^{r}ihla^{h}	قام برحلة
quitter (un endroit)	râdar^{r}a, yourâdir^{r}	غادر
arriver à	wasala ilâ, yasil	وصل الى
arriver en	wasala bi-	وصلِ بـ
se diriger vers	tawajjah ilâ, yatawajah	توجه
bagages	amti^{c}a^{h}	أمتعة
valise	h^{h}akîba^{h}	حقيبة
tout(e), tous(tes)	koull	كل
porter	h^{h}amala, yah^{h}mil	حمل
passer la douane	ijtâza al-jamâr^{r}ik	اجتاز الجمارك
frontières	h^{h}oudoûd	حدود
traverser la frontière	^{c}abar^{r}a al-h^{h}oudoûd	عبر الحدود
étranger (un)	ajnabiy	أجنبي
étranger (à l')	al-h^{r}âr^{r}ij	الخارج
passeport	jawâz safar^{r}	جواز سفر
carte d'identité	bitâkat houwiya^{h}	بطاقة هوية
aller à l'étranger	sâfar^{r}a ila-l-h^{r}âr^{r}ij	سافر الى الخارج
aéroport	matâr^{r}	مطار
international	douwaliy	دولي
avion	tâ'ir^{r}a^{h}	طائرة
vol	r^{r}ih^{h}la^{h} jawwiya^{h}	رحلة جوية
pilote	koubtân	قبطان
stewart	moudîf	مضيف
équipage	tâkam	طاقم
hôtesse de l'air	moudîfa^{h}	مضيفة
attachez vos ceintures	ir^{r}bitoû 'ah^{h}zimatø-koum	اربطوا أحزمتكم
défense de fumer	mamnoû^{c} at-tadh^{r}în	ممنوع التدخين
décoller	akla^{c}a / târ^{r}a	أقلع / طار
atterrir	habata / h^{h}atta	هبط / حطّ
atterrissage	houboût	هبوط

A. Que veut dire en français :

1. **^{c}ala-l-mousâfir^{r}în an yah^{h}miloû jawâzâtø-s-safar^{r}.**
2. **aṯ-ṯâ'ir^{r}a^{h} tahbouṯ, ir^{r}biṯoû ah^{h}zimatø-koum.**
3. **aïna h^{h}aḵâ'ibø-koum ? hal koull amti^{c}atø-koum mawjoûda^{h} ?**
4. **yoûjad maṯâr^{r} doualiy fi-l-ḵâhir^{r}a^{h}.**
5. **natawajjah ilâ maṯâr^{r} our^{r}lî ba^{c}da sâ^{c}ataïn.**
6. **al-ḵoubṯân wa-l-mouḏîfîn wa-l-mouḏîfât fi-t-tâ'ir^{r}a^{h}.**

B. Comment dites-vous en arabe :

1. *Je n'ai pas beaucoup de bagages.*
2. *Ma valise est très petite.*
3. *Nous partons du Caire à 15 heures.*
4. *Nous passons les frontières à 3 heures du matin.*
5. *Où est votre passeport ?*
6. *Avez-vous une autre* (ouh^{r}r^{r}â^{h}) *valise ?*
7. *Savez-vous pourquoi l'hôtesse n'est pas ici ?*
8. *Aimeriez-vous aller à l'étranger ?*

SOLUTION

A. 1. *Les voyageurs doivent avoir des passeports.*
2. *L'avion est en train d'atterrir, attachez vos ceintures.*
3. *Où sont vos valises ? Tous vos bagages sont-ils là ?*
4. *Il y a au Caire un aéroport international.*
5. *Dans deux heures nous allons vers l'aéroport d'Orly.*
6. *Le pilote, les stewards et les hôtesses sont à bord.*

B. 1. **mâ ^{c}inđî h^{h}aḵâ'ib kaṡîr^{r}a^{h}.**
2. **h^{h}aḵîbatî s̠arîr^{r}a^{h} jiddan.**
3. **nanṯaliḵ mina-l-ḵâhir^{r}a^{h} as-sâ^{c}a^{h}-ṡ-sâliṡ^{h}a ba^{c}da-ż-ẕouhr^{r}.**
4. **na^{c}bour^{r}ø-l-h^{h}oudoûd as-sâ^{c}a-ṡ-ṡâlisa^{h} s̠abâh^{h}an.**
5. **aïna jawâz-ak ?**
6. **hal ^{c}ind-ak h^{h}aḵîba^{h} ouh^{r}r^{r}â^{h} ?**
7. **hal ta^{c}lam limâża-l-mouḏîfa^{h} raïr^{r} mawjoûda^{h} ?**
8. **hal touh^{h}ibb an tousâfir^{r} ila-l-h^{r}âr^{r}ij ?**

B8 Les voyages 2
as-safar^{r} 2

voiture	saïyâr^{r}a^{h}	سيارة
voiture	bi-s-saïyâr^{r}a^{h}	بالسيارة
camion	châh^{h}ina^{h}	شاحنة
taxi	taxî	تكسي
autobus	bâs / oûtoûbîs	باص / اوتوبيس
car de tourisme	h^{h}âfila^{h}	حافلة
route	tar^{r}îk	طريق
autoroute	oûtoûstr^{r}âd	اوتوستراد
démarrer	akla^{c}a, youkli^{c}	أقلع
s'arrêter	tawakkafa	توقف
se garer	saffa-s-saïyâr^{r}a^{h}	صفّ السيارة
conducteur	sâ'ik	سائق
conduire vite	asr^{r}a^{c}a, yousr^{r}i^{c}	أسرع
tomber en panne	ta^{c}attalat saïyâr^{r}atø-hou	تعطّلت سيارته
station-service	mah^{h}attat h^{r}idma^{h}	محطة خدمة
essence	benzîn	بنزين
chemin de fer	sikkatø-l-h^{h}adîd	سكة الحديد
train	kitâr^{r}	قطار
en train	bi-l-kitâr^{r}	بالقطار
gare	mah^{h}atta^{h}	محطّة
prix du billet	ṡamanø-l-bitâka^{h}	ثمن البطاقة
aller simple	żahâban fakat	ذهابا فقط
aller et retour	żahâban iyâban	ذهابا إيابا
wagon	h^{h}âfila^{h}	حافلة
place libre	makân chârir^{r}	مكان شاغر
horaire	tawkît	توقيت
bicyclette	dar^{r}r^{r}âja^{h}	دراجة
motocyclette	dar^{r}r^{r}âja^{h} nâr^{r}iya^{h}	دراجة نارية
bateau	mar^{r}kab / bâh^{r}ir^{r}a^{h}	مركب / باخرة

A. Que veut dire en français :

1. **yoûjad kaśîr^{r} mina-ch-châh^{h}inât ^{c}alâ hâża-t̲-t̲ar^{r}îk̲.**
2. **al-bâs̲ yousr^{r}i^{c} kaśîr^{r}an.**
3. **kam śamanø-l-bit̲âk̲a^{h} ilâ baïr^{r}oût ?**
4. **yoûjad mak̲^{c}ad wâh^{h}id chârir^{r} fî hâżihi-l-h^{h}âfila^{h}.**
5. **at-tâxî tatawak̲k̲af fî mah^{h}at̲t̲atø-l-h^{r}idma^{h}.**
6. **ah^{r}aża-t-tâxî li'anna saïyâr^{r}atø-hou ta^{c}at̲t̲alat.**

B. Comment dites-vous en arabe :

1. *Je voudrais de l'essence s'il vous plaît.*
2. *Le chauffeur conduit très vite.*
3. *Il conduit trop vite sur cette petite (étroite) route.*
4. *Ma voiture ne démarre pas. Il faut que je prenne un taxi.*
5. *Quand ma voiture tombe en panne, je voyage par le train.*
6. *Y a-t-il des places libres dans cet autocar ?*
7. *Il y a trop de camions sur cette route, je prends l'autoroute.*

SOLUTION

A.
1. *Il y a beaucoup de camions sur cette route.*
2. *Le bus va très vite.*
3. *Combien coûte le billet pour Beyrouth ?*
4. *Il y a une seule place libre dans ce car.*
5. *Le taxi s'arrête à la station service.*
6. *Il a pris le taxi parce que sa voiture est tombée en panne.*

B.
1. **our^{r}îd min fad̲l-ak benzîn.**
2. **as-sâ'ik̲ yousr^{r}i^{c} jiddan.**
3. **yak̲oûd bi-sour^{rc}a^{h} hâ'ila^{h} fî hâża-t̲-t̲ar^{r}îk̲ ad̲-d̲aïyik̲.**
4. **saïyâr^{r}atî lâ touk̲li^{c}, yajib an ah^{r}ouż tâxî.**
5. **^{c}indamâ tata^{c}at̲t̲al saïyâr^{r}atî, ousâfir^{r} bi-l-k̲it̲âr^{r}.**
6. **hal yoûjad mak̲â^{c}id chârir^{r}a^{h} fî hâżihi-l-h^{h}âfila^{h} ?**
7. **fî hâża-t̲-t̲ar^{r}îk̲ kaśîr^{r} mina-ch-châh^{h}inât, âh^{r}oużø-l-oûtoûstr^{r}âd.**

B9 La famille
al-ᶜâ'ila^{h}

nom de famille	ismø-l-ᶜâ'ila^{h}	اسم العائلة
	al-lakab	اللقب
prénom	al-'ismø-ch-chah^{r}siy	الاسم الشخصي
les deux parents	wâlidân / ahl	والدان / أهل
parents	akâr^{r}ib / ahl	أقارب / أهل
père / mère	ab / oumm	أب / أم
mari / femme	zawj / zawja^{h}	زوج / زوجة
garçon / fille	sabiy / bint	صبي / بنت
enfant	walad (awlâd)	ولد
frère / sœur	ah^{r} (ih^{r}wa^{h}) / ouh^{r}t	أخ / أخت
fils / fille	ibn / ibnat	ابن / ابنة
grand-père, gd-mère	jadd / jadda^{h}	جد / جدة
petit-fils, petite-fille	h^{h}afîd / h^{h}afîda^{h}	حفيد / حفيدة
beau-frère / belle-sœur	silf / silfa^{h}	سلف /سلفة
gendre / belle-fille	sihr / kanna^{h}	صهر / كنة
oncle/tante (paternels)	ᶜamm / ᶜamma^{h}	عم / عمة
oncle/tante (maternels)	h^{r}âl / h^{r}âla^{h}	خال / خالة
neveu / nièce et cousin / cousine : cf. p. 32.		
enceinte	h^{h}âmil	حامل
né à	mawloûd fî	مولود في
naissance	wilâda^{h}	ولادة
bébé	tifl,/ r^{r}adîᶜ	طفل / رضيع
adulte	bâlir	بالغ
célibataire	aᶜzab	أعزب
se fiancer	h^{r}ataba	خطب
fiancé, fiancée	h^{r}atîb, h^{r}atîba^{h}	خطيب ، خطيبة
se marier / épouser	tazawwaja, yatazawaj	تزوج
mariage	zawâj	زواج
divorcer	tallaka, youtallik	طلق
divorce	talâk	طلاق
vieillir	kaboura/ châh^{r}a	كبر / شاخ
jeune / vieux	châbb / ᶜajoûz	شاب / عجوز
mourir	mâta / touwoufiya	مات/ توفي
décès	wafât	وفاة
mort	mawt	موت
veuf, veuve	ar^{r}mal, ar^{r}mala^{h}	أرمل ، أرملة
se souvenir	tażakkar^{r}a, yatażakkar^{r}	تذكّر

A. Que veut dire en français :

1. **awadd an oukaddim la-ka ah^{r}î.**
2. **woulidtou ^{c}âm alf wa-tis^{c}a^{h} mi'a^{h} wa-sa^{c}bîn.**
3. **hal ^{c}ind-ak ih^{r}wa^{h} wa-ah^{r}awât ?**
4. **mâ houwa ism-ak-ch-chah^{r}siy ?**
5. **kam ^{c}oumr^{r} awlâd-ak ?**
6. **nah^{h}nou moutazawwijân mounżou ^{c}achr^{r} sinîn.**
7. **ibnø-nâ ^{c}oumr^{r}ø-hou sab^{c} sinîn.**
8. **tallakoû mounżou sanataïn.**

B. Comment dites-vous en arabe :

1. *Je suis né en 1975.*
2. *Nous nous sommes mariés en 1981.*
3. *Nous avons trois enfants.*
4. *Notre fils aîné a cinq ans, sa sœur trois.*
5. *Je ne me souviens pas de son prénom.*
6. *Ma tante (paternelle) est toujours enceinte.*
7. *Son oncle (maternel) est médecin.*

SOLUTION

A.
1. *J'aimerais vous présenter mon frère.*
2. *Je suis né en 1970.*
3. *Avez-vous des frères et des sœurs ?*
4. *Quel est votre prénom ?*
5. *Quel âge ont vos enfants ?*
6. *Nous sommes mariés depuis dix ans.*
7. *Notre fils a sept ans.*
8. *Ils ont divorcé il y a deux ans.*

B.
1. **woulidtou^{c}âm alf wa-tis^{c}a^{h} mi'a^{h} wa-h^{r}amsa^{h} wa-sab^{c}în.**
2. **tazawwajnâ ^{c}am alf wa-tis^{c}a^{h} mi'a^{h} wa-wâh^{h}id waṡamânîn.**
3. **^{c}inda-nâ ṡalâṡat awlâd.**
4. **ibnø-na-l-bikr ^{c}oumr^{r}ø-hou 5 sinîn, wa-ouh^{r}tø-hou ṡalâṡa^{h}.**
5. **lâ atażakkar^{r} ismø-hou.**
6. **^{c}ammatî dâ'iman h^{h}âmil.**
7. **h^{r}âlø-hou tabîb.**

La ville
al-madîna^{h}

bâtiment	**binâya^{h}**	بناية
rue	**châr^{r}i^{c}**	شارع
boulevard	**jâdda^{h}**	جادة
ruelle	**zoukâk / zanka^{h}**	زقاق /زنقة
quartier	**h^{h}aï/h^{h}âr^{r}a^{h}/h^{h}awma^{h}**	حي/حارة/حومة
périphérique	**mouh^{h}allak**	محلق
route	**tar^{r}îk**	طريق
mairie	**baladiya^{h}**	بلدية
numéro	**r^{r}akam**	رقم
poste	**bar^{r}îd**	بريد
garage	**kar^{r}âj**	كراج
commissariat	**mar^{r}kaz chour^{r}ta^{h} / mah^{r}far^{r}**	مركز شرطة / مخفر
bureau de tourisme	**isti^{c}lâmat siyâh^{h}iya^{h}**	استعلامات سياحية
jardin public	**h^{h}adîka^{h} ^{c}âmma^{h}**	حديقة عامة
circulation	**h^{h}ar^{r}akatø-l-mour^{r}oûr^{r}**	حركة المرور
embouteillage	**zah^{h}mat-saïr^{r}**	زحمة سير
bus	**bâs / oûtoûbîs**	باص / اوتوبيس
arrêt de bus	**mawkif bâs**	موقف باص
piétons	**mouchât**	مشاة
passage clouté	**mamar^{r}ø-l-mouchât**	ممر المشاة
croisement	**takâtou^{c}**	تقاطع
rond-point	**moustadîr^{r}a^{h}**	مستديرة
sens unique	**ittijâh wâh^{h}id**	اتجاه واحد
travaux	**achrâl**	أشغال
trottoir	**r^{r}asîf**	رصيف
accident	**h^{h}âdiṡ**	حادث
agent de police	**chour^{r}tiy**	شرطي
feux	**ad-daw'**	الضوء
se garer	**saffa-s-saïyâr^{r}a^{h}**	صف السيارة
contravention	**mouh^{r}âlafa^{h}**	مخالفة
adresse	**^{c}ounwân**	عنوان
à pied	**machiyan**	مشيا

A. Que veut dire en français :

1. **kam nab^{c}oud ^{c}ani-l-mah^{h}atta^{h}** ?
2. **min fadl-ak, châr^{r}i^{c} an-nasr^{r}, r^{r}akam šamâniya^{h} wa-^{c}ichr^{r}în.**
3. **hal youmkinø-nâ an nažhab machiyan** ?
4. **hal tastatî^{c} an tad^{c}oû lanâ tâxî** ?
5. **naskoun fi-d-dawâh^{h}iy.**
6. **mâ houwa ^{c}ounwân-akø-ch-chah^{r}siy** (personnelle) ?
7. **innî mouta'ah^{r}h^{r}ir^{r} bi-sabab zah^{h}matø-s-saïr^{r}.**
8. **aïna akr^{r}ab bar^{r}îd** ?

B. Comment dites-vous en arabe :

1. *Où est la gare ?*
2. *Où est la poste la plus proche ?*
3. Il *y a beaucoup d'embouteillages.*
4. *Voici mon adresse et mon numéro de téléphone.*
5. *Où peut-on se garer ?*
6. *Y.* a-t-il un commissariat près d'ici ?

SOLUTION

A. 1. *À combien sommes-nous (loin) de la gare ?*
2. *S'il vous plaît, la rue Annasr, numéro 28.*
3. *Peut-on y aller à pied ?*
4. *Pourriez-vous nous appeler un taxi ?*
5. *Nous habitons en banlieue.*
6. *Quelle est votre adresse personnelle ?*
7. *Je suis en retard à cause d'un embouteillage.*
8. *Où se trouve la poste la plus proche ?*

B. 1. **aïna-l-mah^{h}atta^{h}** ?
2. **aïna akr^{r}ab bar^{r}îd** ?
3. **hounâka zah^{h}mat saïr^{r} kabîr^{r}a^{h}**
4. **hâzâ ^{c}ounwânî wa-r^{r}akam hâtifî.**
5. **aïna youmkinø-nâ an nasouffø-s-saïyâr^{r}a^{h}.**
6. **Hal youjâd mah^{r}far^{r} kar^{r}ib min hounâ** ?

B11 Les courses
as-soûk

boutique	**doukkân**	دكان
grands magasins	**mah^{r}âzin koubr^{r}â**	مخازن كبرى
je fais mes courses	**atasawwak**	أتسوق
vendeur, vendeuse	**bâ'i^{c} / bâ'i^{c}a^{h}**	بائع / بائعة
qu'y a-t-il pour votre service ?	**chaï' lil-h^{r}idma^{h}** ?	شيء للخدمة ؟
acheter	**ichtar^{r}â, yachtar^{r}î**	اشترى ، يشتري
vendre	**bâ^{c}a / yabî^{c}**	باع ، يبيع
soldes	**r^{r}ouh^{r}sa^{h}**	رخصة
c'est combien	**bi-kam** ?	بكم
cher	**râlî**	غالي
c'est très bon marché	**r^{r}ah^{r}îs jiddan**	رخيص جداً
je n'ai pas les moyens	**mâ ^{c}indî imkâniyât**	ما عندي امكانيات
je suis à court d'argent	**yankousø-ni-l-mâl**	ينقصني المال
argent liquide	**souyoûla^{h}**	سيولة
je paie comptant	**adfa^{c} nakdan**	أدفع نقداً
acheter à crédit	**ichtar^{r}â bi-d-daïn**	اشترى بالدين
chèque	**chèk**	شيك
carte bancaire	**bitâka^{h} masr^{r}ifiya^{h}**	بطاقة مصرفية
accepter	**kabila, yakbal**	قبل
billet d'un dirham	**war^{r}akat-dir^{r}ham**	ورقة درهم
avez-vous de la monnaie	**hal ^{c}ind-ak sir^{r}âfa^{h}**	هل عندك صرافة
article d'occasion	**sinf mousta^{c}mal**	صنف مستعمل
commander un article	**wassâ ^{c}alâ rar^{r}ad**	وصى على غرض
livrer des marchandises	**sallama bidâ^{c}a^{h}**	سلم بضاعة
concurrence	**al-mounâfasa^{h}**	المنافسة
vendre avec bénéfice	**bâ^{c}a bi-mar^{r}bah^{h}**	باع بمربح
vendre à perte	**bâ^{c}a bi-h^{r}isâr^{r}a^{h}**	باع بخسارة
vendre au rabais	**bâ^{c}a bi-tah^{r}fîd**	باع بتخفيض
bonne affaire	**safka^{h} jaïyida^{h}**	صفقة جيدة
ça coûte cent dinars	**yousâwî alf dînâr^{r}** **youkallif " "**	يساوي ألف دينار

A. Que veut dire en français :

1. **hâżihi-s-saïyâr^{r}a^{h} râliya^{h} jiddan.**
2. **mâ ^{c}indî imkâniyât li-achtar^{r}î-hâ.**
3. **youmkinø-nî an adfa^{c} nakdan.**
4. **hal youmkinø-ni an adfa^{c} bi-chèk.**
5. **lâ akbal chèk, yajib an tadfa^{c} bi-s-souyoûla^{h}.**
6. **nasiytou daftar^{r}ø-ch-chèkât.**

B. Comment dites-vous en arabe :

1. *Combien coûte cette Peugeot ?*
2. *Je l'ai achetée d'occasion, à vingt mille dinars.*
3. *Elle est très bon marché.*
4. *Pouvez-vous payez comptant.*
5. *Quand faites-vous vos courses ?*
6. *J'ai vendu ma maison à perte.*
7. *Je n'ai pas de monnaie.*

SOLUTION

A.
1. *Cette voiture est très chère.*
2. *Je n'ai pas les moyens de l'acheter.*
3. *Il m'est possible de payer comptant.*
4. *Puis-je payer par chèque ?*
5. *Je n'accepte pas les chèques, vous devez payer en liquide.*
6. *J'ai oublié le carnet de chèques.*

B.
1. **kam toukallif hâżihi-l-bijoû ?**
2. **ichtar^{r}aïtou-hâ mousta^{c}mala^{h}, bi-^{c}ichrîn alf dînâr.**
3. **inna-hâ r^{r}ah^{r}îsa^{h} jiddan.**
4. **hal tastatî^{c} an tadfa^{c} nakdan ?**
5. **matâ tatasawwak ?**
6. **bi^{c}tou baïtî bi-h^{r}isâr^{r}a^{h}.**
7. **mâ ^{c}indî sir^{r}âfa^{h}.**

climat	taks	طقس
ciel	samâ'	سماء
soleil	chams	شمس
vent	hawâ'/ r^{r}îh^{h}	هواء / ريح
pluie	matar^{r}	مطر
nuage	raïma^{h}	غيمة
orage	^{c}âsifa^{h}	عاصفة
neige	ṡalj	ثلج
grêle	bar^{r}ad	برد
brume, brouillard	dabâb	ضباب
il fait clair	al-jaww sâfî	الجو صافي
c'est ensoleillé	at-taks mouchmis	الطقس مشمس
c'est pluvieux	" moumtir^{r}	" ممطر
c'est nuageux	" râ'im	" غائم
il fait sec	" jâff	" جاف
il fait humide	" r^{r}atib	" رطب
il fait froid	" bâr^{r}id	" بارد
il fait chaud	" h^{h}âr^{r}r^{r}	" حار
briller (soleil)	sata^{c}a, yasta^{c}	سطع يسطع
souffler (vent)	habba, yahoubb	هب ، يهب
il pleut	as-samâ' toumtir^{r}	السماء تمطر
il neige	" touṡlij	" تثلج
il fait beau	at-taks jamîl	الطقس جميل
il fait chaud	" h^{h}âr^{r}r^{r}	الطقس حار
il fait très chaud	" h^{h}âr^{r}r^{r} jiddan	الطقس حار جداً
il fait mauvais temps	" at-taks saïyi'	الطقس سيئ
quel temps fait-il ?	kaïfa-t-taks	كيف الطقس ؟
" " faisait-il ?	kaïfa kâna-t-taks	كيف كان الطقس
printemps	r^{r}abî^{c}	ربيع
été	saïf	صيف
automne	h^{r}ar^{r}îf	خريف
hiver	chitâ'	شتاء
mois	chahr^{r}, achhour^{r}	شهر

A. Dites le contraire de :

1. r^{r}aṯib. 2. bâr^{r}id. 3. mouchmis. 4. ṯak̲s jamîl.

B. Formez l'adjectif correspondant :

1. chams. 2. maṯar^{r}. 3. bar^{r}d. 4. raïm.

C. Comment dites-vous en arabe :

1. *Regarde, il pleut.*
2. *Il pleut en automne.*
3. *Quel temps faisait-il ?*
4. *Le ciel est nuageux.*
5. *Il n'a pas plu depuis trois mois.*
6. *Il fait très froid.*
7. *Il a fait très sec.*
8. *J'ai très froid.*
9. *Je n'aime pas le brouillard.*

SOLUTION

A. 1. jâff 2. h^{h}âr^{r}r^{r}. 3. moumṯir^{r}. 4. ṯak̲s saïyi'.

B. 1. mouchmis. 2. moumṯir^{r}. 3. bâr^{r}id. 4. râ'im.

C. 1. ounż̲our^{r}, as-samâ' toumṯir^{r}.
2. as-samâ' toumtir^{r} fî-l-h^{r}ar^{r}îf.
3. kaïfa kâna-ṯ-ṯak̲s ?
4. as-samâ' râ'ima^{h}.
5. lam toumṯir^{r} mounżou ṡalâṡat achhour^{r}.
6. aṯ-ṯak̲s bâr^{r}id jiddan.
7. kâna-ṯ-ṯ-ṯak̲s jâff jiddan.
8. anâ bar^{r}dân jiddan.
9. lâ ouh^{h}ibbø-ḏ-ḏabâb.

séjour	**ikâma^{h}**	إقامة
c'est complet	**lam yabkâ rour^{r}af**	لم يبقَ غرف
il ne reste plus que	**lam yabkâ illâ ...**	لم يبق إلا ...
réception	**istikbâl**	استقبال
chambre	**rour^{r}fa^{h}**	غرفة
chambre simple	**rour^{r}fa^{h} bi-sar^{r}îr^{r}**	غرفة بسرير
chambre double	**rour^{r}fa^{h} bi-sar^{r}îr^{r}aïn**	غرفة بسريرين
" pour une nuit	**rour^{r}fa^{h} li-laïla^{h}**	غرفة لليلة
lit	**sar^{r}îr^{r} / tah^{r}t**	سرير / تخت
lits jumeaux	**sar^{r}îr^{r} li-chah^{r}saïn**	سريرلشخصين
rideaux	**satâ'ir^{r}**	ستائر
salle de bains	**h^{h}ammâm**	حمام
robinet	**h^{h}anafiya^{h}**	حنفية
rester	**bakiya, yabkâ**	بقي
réserver	**h^{h}ajaza, yah^{h}jouz**	حجز
porter les bagages	**h^{h}amala-l-hakâ'ib**	حمل الحقائب
réveiller	**aïkaża, youkîż**	أيقظ
se réveiller	**istaïkaża / kâma**	أستيقظ/ قام
fonctionner	**machâ, yamchî**	مشى
commander	**^{c}amila talabiya^{h}**	عمل طلبية
payer d'avance	**dafa^{c}a salafan**	دفع سلفا
verser des arrhes	**dafa^{c}a r^{r}a^{c}boûn**	دفع رعبون
partir (quitter)	**râdar^{r}a, yourâdir^{r}**	غادر
menu	**lâ'ih^{h}atø-t-ta^{c}âm**	لائحة الطعام
hors-d'œuvre	**moukabbilât**	مقبلات
dessert	**mouh^{h}alliyât**	محليات
note / addition	**h^{h}isâb / fâtoûr^{r}a^{h}**	حساب / فاتورة
serviette	**foûta^{h}**	فوطة
serveur	**h^{r}âdim / nâdil**	خادم / نادل
service compris	**ma^{c}a-l-h^{r}idma^{h}**	مع الخدمة
pourboire	**bah^{r}chîch**	بخشيش
carte de crédit	**bitâka^{h} masr^{r}ifiya^{h}**	بطاقة مصرفية
steak bien cuit	**chakfa^{h} istiwâ' kâmil**	شقفة استواء كامل
steak à point	**chakfa^{h} istiwâ' wasat**	شقفة استواء وسط

B13 ENTRAÎNEZ-VOUS

A. Que veut dire en français :

1. **a^{c}ṯini-l-fâtoûra^{h} min faḏl-ak.**
2. **our^{r}id min faḏl-ak chaḵfa^{h} bi-istiwâ' kâmil.**
3. **h^{h}ajaztou rour^{r}fa^{h} bi-sar^{r}îr^{r} li-chah^{r}s̱aïn.**
4. **lam yabḵa illâ rour^{r}fa^{h} bi-sar^{r}îr^{r}aïn.**
5. **^{c}amiltou ṯalabiya^{h} wa-dafa^{c}tou r^{r}a^{c}boûn.**
6. **hal tastaṯî ^{c}an tah^{h}milø-l-h^{h}aḵâ'ib ?**
7. **aïna-l-hâtif ? our^{r}îd an outalfin.**

B. Comment dites-vous en arabe :

1. *Pouvez-vous me donner le menu, s'il vous plaît ?*
2. *Nous quitterons l'hôtel demain.*
3. *Pouvez-vous me réveiller à six heures ?*
4. *Je voudrais appeler la France (téléphoner en France).*
5. *Je voudrais réserver une chambre double.*
6. *Nous arriverons mardi soir et resterons deux jours.*
7. *Le poste de télévision ne fonctionne pas.*

SOLUTION

A. 1. *Donnez-moi l'addition s'il vous plaît.*
2. *Je voudrais un steak bien cuit.*
3. *J'ai réservé une chambre avec lit double.*
4. *Il ne reste qu'une chambre à deux lits.*
5. *J'ai fait la commande et j'ai versé des arrhes.*
6. *Pourriez-vous porter les bagages ?*
7. *Où est le téléphone ? je voudrais passer un coup de fil.*

B. 1. **hal youmkin-ak an tou^{c}tî-nî lâ'ih^{h}atø-ṯ-ṯa^{c}am ?**
2. **sa-nourâdir^{r}ø-l-foundouḵ radan.**
3. **hal tastaṯî ^{c}an toûḵiẕø-nî ^{c}ala-s-sâ^{c}a^{h} sitta^{h} ?**
4. **our^{r}îd min faḏl-ak an outalfin li-far^{r}ansâ.**
5. **our^{r}îd, min faḏl-ak, an ah^{h}jouz rour^{r}fa^{h} bi-sar^{r}îr^{r}aïn.**
6. **sa-nas̱il aṡ-ṡoulâṡâ' masâ'an wa-nabḵâ yawmaïn.**
7. **at-talfaza^{h} lâ tamchî.**

tête	**r^{r}a's**	رأس
visage	**wajh**	وجه
cheveux	**cha^{c}r^{r}**	شعر
yeux	**^{c}aïnân* (^{c}ouyoûn)**	عينان
oreilles	**oużounân* (âżân)**	أذنان
nez	**anf / mounh^{r}âr^{r}**	أنف / منخار
bouche	**fam / toumm**	فم / تم
dent(s)	**sinn, asnân**	سن ، أسنان
poitrine	**s̲adr^{r}**	صدر
bras	**żir^{r}â^{c}ân* ('aźr^{r}ou^{c})**	ذراعان
mains	**yadân* (aïdî)**	يدان
doigt	**is̲ba^{c}**	إصبع
jambe	**sâk̲**	ساق
pied(s)	**r^{r}ijl, r^{r}ijlân*(ar^{r}joul)**	رجل ، رجلان
cerveau	**mouh^{r}h^{r}**	مخ
cœur	**k̲alb**	قلب
estomac	**ma^{c}ida^{h}**	معدة
peau	**jild**	جلد
sang	**dam**	دم
marcher	**machâ, yamchî**	مشى
je suis debout	**anâ wâk̲if**	أنا واقف
se lever	**wak̲afa, yak̲if**	وقف
je suis assis	**anâ jâlis**	أنا جالس
s'asseoir	**jalasa, yajlis**	جلس
être allongé	**tamaddada**	تمدد
grand	**kabîr^{r}**	كبير
grand (de taille)	**t̲awîl**	طويل
fort	**k̲awiy**	قوي
lourd	**ṡak̲îl**	ثقيل
beau	**jamîl / h^{h}oulouw**	جميل / حلو
petit	**s̲arîr^{r}**	صغير
il a un beau visage	**lahou wajh jamîl**	له وجه جميل
brun/brune (basané)	**asmar^{r} / samr^{r}â'**	أسمر/سمراء
blond (de)	**achk̲ar^{r} / chak̲r^{r}â'**	أشقر/شقراء

A. Que veut dire en français :

1. **la-hâ ^{c}aïnân jamîlatân.**
2. **anfø-hou sarîr^{r}.**
3. **ouh^{h}ibbø-ch-cha^{c}r^{r}ø-l-achk̲ar^{r}.**
4. **an-nâs** *(les gens)* **hounâ youh^{h}ibboûna-l-wajhø-l-'asmar^{r}.**
5. **ah^{r}î asnânø-hou s̲arîr^{r}a^{h} wa-baïd̲â'.**
6. **la-hâ sâk̲ân t̲awîlatân wa-jamîlatân.**

B. Comment dites-vous en arabe :

1. *Vous avez de belles mains.*
2. *Son cœur n'est pas très solide (fort).*
3. *Votre sœur a-t-elle les yeux bleus ?*
4. *Il faut que vous donniez votre sang.*
5. *Il a son chapeau* **(k̲oubba^{c}a^{h})***sur la tête.*
6. *Il faut que vous marchiez, il ne faut pas s'asseoir.*
7. *J'aimerais m'étendre un peu, je suis fatigué.*

SOLUTION

A.
1. *Elle a de beaux yeux.*
2. *Il a un petit nez.*
3. *J'aime les cheveux blonds.*
4. *Les gens ici aiment le brun (le visage brun).*
5. *Mon frère a des dents petites et blanches.*
6. *Elle a des (deux) jambes longues et belles.*

B.
1. **la-ka / la-ki yadân jamîlatân.**
2. **k̲albø-hou laïsa k̲awiy jiddan.**
3. **hal ouh^{r}t-ak la-hâ ^{c}aïnân zark̲âwân ?**
4. **yajib an tou^{c}t̲î dam-ak.**
5. **k̲oubba^{c}atø-hou ^{c}alâ ra'sø-hou.**
6. **yajib an tamchî, lâ yajib an tajlis.**
7. **awadd an atamaddad k̲alîlan, innî ta^{c}bân.**

régime	r^{r}éjîm	ريجيم
en bonne santé	bis̲ih^{h}h^{h}a^h jaïyida^h	بصحة جيدة
en mauvaise santé	bis̲ih^{h}h^{h}a^h saïyi'a^h	بصحة سيئة
je me sens bien	h^{h}alatî jaïyidda^h	حالتي جيد
maladie	mar^{r}ad̲	مرض
maladie contagieuse	mar^{r}ad̲ mou^{c}dî	مرض معدي
guérir	chafâ, yachfî	شفى
guérison	chifâ'	شفاء
blessé	majr^{r}oûh / jar^{r}îh	مجروح / جريح
indemne	mou^{c}âfâ	معافى
mort	maïyit	ميت
mal à la tête	waja^c r^{r}a's	وجع رأس
mal à l'estomac	waja^c ma^{c}ida^h	وجع معدة
mal aux dents	waja^c asnân	وجع أسنان
mal à la gorge	waja^c h^{h}alk̲	وجع حلق
chirurgien	jar^{r}r^{r}âh^h	جراح
infirmière	moumar^{r}r^{r}id̲a^h	ممرضة
dentiste	t̲abîb asnân	طبيب أسنان
pharmacie	s̲aïd̲aliya^h	صيدلية
visite médicale	ziyâr^{r}a^h t̲ibiya^h	زيارة طبيب
appeler un docteur	istad^{c}â at̲-t̲abîb	استدعى طبيب
j'ai de la fièvre	^{c}indî h^{h}ar^{r}âr^{r}a^h	عندي حرارة
… me fait mal	… yoûji^{c}ø-nî	يوجعني
tousser	sa^{c}ala, yas^{c}oul	سعل
prendre un médicament	ah^{r}aza dawâ'	أخذ دواء
prendre froid	ah^{r}aża bar^{r}d	أخذ برد
ordonnance	was̲fa^h	وصفة
j'ai la grippe	anâ mgar^{r}r^{r}ib	انا مغرب
J'ai un rhume	anâ mour^{r}achchih^h	انا مرشح
se casser le bras	kasar^{r}a żir^{r}â^{c}ø-hou	كسر ذراعه
se couper le doigt	jar^{r}ah^{h}a isba^{c}ø-hou	جرح إصبعه
hôpital	moustachfâ	مستشفى
être hospitalisé	dah^{r}ala-l-moustachfâ	دخل المستشفى
opération	^{c}amaliya^h	عملية
accident	h^{h}âdiṡ	حادث
examiner	fah^{h}as̲a, yafh^{h}as̲	فحص

A. Que veut dire en français :

1. **mâżâ youji^{c}-ak ?**
2. **hal h^{h}âlat-ak jaïyida^{h} ?**
3. **mâżâ youmkinø-nî an af^{c}alø-hou la-ka ?**
4. **^{c}alaïya an afh^{h}as̱ asnân-ak.**
5. **hal toudah^{r}h^{r}in kaṡîr^{r}an ?**
6. **ad-douctoûr h^{h}ammâdî machroûl hâża-l-ousboû^{c}.**
7. **mounżou matâ ^{c}ind-ak h^{h}ar^{r}âr^{r}a^{h} ?**

B. Comment dites-vous en arabe :

1. *J'ai très mal aux dents.*
2. *Il faut que je vois un dentiste.*
3. *Y a-t-il une pharmacie pas trop loin ?*
4. *Je crois qu'elle a de la fièvre.*
5. *Où est cet hôpital ?*
6. *Elle a été blessée dans un accident de voiture.*
7. *Je crois que j'ai pris froid.*

SOLUTION

A. 1. *Qu'est-ce qui vous fait mal ?*
2. *Est-ce que vous vous sentez bien ?*
3. *Que puis-je faire pour vous ?*
4. *Il faut que j'examine vos dents.*
5. *Est-ce que vous fumez beaucoup ?*
6. *Le docteur Hammadi est pris cette semaine.*
7. *Depuis quand vous avez de la fièvre ?*

B. 1. **asnânî touji^{c}ø-nî.**
2. **yajib an ażhab ilâ ṯabîb asnân.**
3. **hal yoûjad s̱aïdaliya^{h} raïr^{r} ba^{c}îda^{h} jiddan ?**
4. **aẕ̇ounn anna ^{c}inda-hâ h^{h}ar^{r}âr^{r}a^{h}.**
5. **aïna hâża-l-moustachfâ ?**
6. **jour^{r}ih^{h}at fî h^{h}âdiṡ saïyâr^{r}a^{h}.**
7. **aẕ̇ounn annî ah^{r}ażtou bar^{r}d.**

B16 Sport et loisirs
ar^{r}-r^{r}iyâda^{h} wa awkâte-l-far^{r}ar.

partir en vacances	**żahaba ila-l-ᶜoutla^{h}**	ذهب الى العطلة
commencer	**bada'a, yabda'**	بدأ
durer	**dâma, yadoûm**	دام
spectacle/séance	**ᶜar^{r}d**	عرض
théâtre	**masr^{r}ah^{h}**	مسرح
pièce de théâtre	**masr^{r}ah^{h}iya^{h}**	مسرحية
musée	**math^{h}af**	متحف
visite	**ziyâr^{r}a^{h}**	زيارة
excursion	**r^{r}ih^{h}la^{h}**	رحلة
mer	**bah^{h}r^{r}**	بحر
bord de la mer	**châti'ø-l-bah^{h}r^{r}**	شاطئ البحر
plage, sable	**châti' / r^{r}aml**	شاطىء / رمل
montagne	**jabal**	جبل
campagne	**r^{r}îf**	ريف
pêcher	**sâda, yasîd**	صاد
rivière/ lac	**nahr^{r} / bouh^{h}aïr^{r}a^{h}**	نهر /بحيرة
louer un bateau	**ista'jar^{r}a mar^{r}kab**	استأجر مركب
vélo	**dar^{r}r^{r}âja^{h}**	دراجة
faire du vélo	**r^{r}akiba dar^{r}r^{r}âja^{h}**	ركب دراجة
piscine	**masbah^{h}**	مسبح
nager	**sabah^{h}a, yasbah^{h}**	سبح
court de tennis	**malᶜab tenîs**	ملعب تنيس
raquette	**madr^{r}ab**	مضرب
terrain de foot	**malᶜab kour^{r}at kadam**	ملعب كرة قدم
jouer un match	**laᶜiba moubâr^{r}ât**	لعب مباراة
marquer un but	**sajjala hadaf**	سجل هدف
équipe	**far^{r}îk**	فريق
meilleure équipe	**afdal far^{r}îk**	أفضل فريق
champion	**batal**	بطل
championnat	**boutoûla^{h}**	بطولة
tournoi	**dawr^{r}iy**	دوري
finale	**nihâ'iy**	نهائي
gagner	**r^{r}abih^{h}a, yar^{r}bah^{h}**	ربح
ouvert	**maftoûh^{h}**	مفتوح

A. Que veut dire en français :

1. **fî aï sâ^{c}a^{h} yabda'ø-l-^{c}ar^{r}ḏ** ?
2. **aïna youmkinø-nâ an nal^{c}ab bi-t-tenîs** ?
3. **ilâ aïn tażhaboûn fi-l-^{c}ouṯla^{h}** ?
4. **kam mina-l-waḵt tadoûmø-z-ziyâr^{r}a^{h}** ?
5. **kam tousâwi-l-biṯâḵa^{h}** ?
6. **man r^{r}abih^{h}a-l-moubâr^{r}ât** ?
7. **bintî lâ ta^{c}r^{r}if an tasbah^{h}**.
8. **hal touh^{h}ibbø-s̲-s̲aïd** ?

B. Comment dites-vous en arabe :

1. *Jouez-vous au tennis ?*
2. *Qui a gagné le match ?*
3. *Aimez-vous le foot-ball ?*
4. *C'est la meilleure équipe.*
5. *J'ai vu le match à la télé.*
6. *Ils vont jouer la finale.*
7. *Y a-t-il une piscine ?*
8. *Le musée est-il ouvert ?*

SOLUTION

A. 1. *À quelle heure commence le spectacle ?*
2. *Où pouvons-nous jouer au tennis ?*
3. *Où allez-vous en vacances ?*
4. *Combien dure la visiste ?*
5. *Combien coûte le billet ?*
6. *Qui a gagné le match ?*
7. *Ma fille ne sait pas nager.*
8. *Aimez-vous la pêche ?*

B. 1. **hal tal^{c}ab bi-t-tenîs** ?
2. **man r^{r}abih^{h}a-l-moubârât** ?
3. **hal touh^{h}ibb ḵour^{r}atø-l-ḵadam** ?
4. **hâżâ ah^{h}san far^{r}îḵ**.
5. **châhadtou-l-moubâr^{r}ât ^{c}ala-t-talvaza^{h}**.
6. **sa-yal^{c}aboûna-n-nihâ'iy**.
7. **hal yoûjad masbah^{h}** ?
8. **hali-l-math^{h}af maftoûh^{h}** ?

B17 L'école
al-madr^{r}asa^{h}

école élémentaire	**h^{h}adâna^{h}**	حضانة
école primaire	**madr^{r}asa^{h} 'ibtidâ'iya^{h}**	مدرسة ابتدائية
collège	**" i^{c}dâdiya^{h}**	" اعدادية
lycée	**" ṡânawiya^{h}**	" ثانوية
université	**jâmi^{c}a^{h}**	جامعة
instituteur	**moudar^{r}r^{r}is ibtidâ'iy**	مدرس ابتدائي
professeur	**oustâż**	أستاذ
élève	**tilmîż**	تلميذ
année scolaire	**sana^{h} dir^{r}âsiya^{h}**	سنة دراسية
trimestre	**fasl dir^{r}âsiy**	فصل دراسي
travailler	**^{c}amila / ichtarala**	عمل / اشتغل
étudier	**dar^{r}asa, yadr^{r}ous**	درس
apprendre	**ta^{c}allama, yata^{c}allam**	تعلّم
enseigner	**^{c}allama, you^{c}allim**	علّم
savoir	**^{c}ar^{r}ifa, ya^{c}r^{r}if**	عرف
lire	**kar^{r}a'a, yakr^{r}a'**	قرأ
écrire	**kataba, yaktoub**	كتب
compter	**^{c}adda, ya^{c}oudd**	عد
livre	**kitâb**	كتاب
cahier	**daftar^{r}**	دفتر
dessiner	**r^{r}asama, yar^{r}soum**	رسم
traduire en	**tar^{r}jama ilâ**	ترجم الى
langue(s)	**lourâ^{h} (lourât)**	لغة (لغات)
mot	**kalima^{h}**	كلمة
phrase	**joumla^{h}**	جملة
nombre, chiffre	**^{c}adad**	عدد
numéro	**r^{r}akam**	رقم
cela signifie	**hâżâ ya^{c}nî**	هذا يعني
comprendre	**fahima, yafham**	فهم
examen	**imtih^{h}ân**	امتحان
réussir	**najah^{h}a, yanjah^{h}**	نجح
écouter	**r^{r}asaba, yar^{r}soub**	رسب
facile	**sahl**	سهل
difficile	**sa^{c}b**	صعب
il est encore là	**lâ yazâl mawjoûd**	لا يزال موجود

A. Que veut dire en français :

1. **ak̲ra' wa-'aktoub al-^{c}ar^{r}abiya^{h}.**
2. **kaïfa toutar^{r}jim hâżihi-l-joumla^{h} bi-l-^{c}ar^{r}abiya^{h} ?**
3. **hal tak̲dir^{r} an ta^{c}oudd min wâh^{h}id ilâ ^{c}ichr^{r}în bi-l-^{c}ar^{r}abiya^{h} ?**
4. **ta^{c}allamtou-l-^{c}ar^{r}abiya^{h} bi-far^{r}ansâ.**
5. **zawjatî tou^{c}allimø-l-far^{r}ansiya^{h} fi-l-jâmi^{c}a^{h}.**
6. **mâżâ ta^{c}nî hâżihi-l-joumla^{h} ? lâ afhamø-hâ.**
7. **kâna-l-fah^{h}s̲ s̲a^{c}b jiddan, wa-lâkin-nî najah^{h}tou fîhi.**

B. Comment dites-vous en arabe :

1. *Ce mot est trop long.*
2. *Ce mot est très difficile.*
3. *Mon fils est professeur.*
4. *Il enseigne dans un lycée.*
5. *Ma fille est encore à l'université.*
6. *Elle a trois mois de vacances.*

SOLUTION

A. 1. *Je lis et j'écris l'arabe.*
2. *Comment traduisez-vous cette phrase en arabe ?*
3. *Pouvez-vous compter de 1 à 20 en arabe ?*
4. *J'ai appris l'arabe en France.*
5. *Ma femme enseigne le français à l'université.*
6. *Que signifie cette phrase ? je ne la comprends pas.*
7. *L'examen était trop difficile, mais je l'ai réussi.*

B. 1. **hâżihi-l-kalima^{h} t̲awîla^{h} jiddan jiddan.**
2. **hâżihi-l-kalima^{h} s̲a^{c}ba^{h} jiddan.**
3. **ibnî oustâż.**
4. **you^{c}allim fî madr^{r}asa^{h} ṡânawiya^{h}.**
5. **bintî lâ tazâl ba^{c}d fi-l-jâmi^{c}a^{h}.**
6. **^{c}inda-hâ ^{c}out̲la^{h} ṡalâṡat achhour^{r}.**

travailler	**^{c}amila / ichtaral**	عمل / اشتغل
se procurer du travail	**h^{h}as̲ala ^{c}alâ ^{c}amal**	حصل على عمل
le salaire	**r^{r}âtib / mour^{r}attab**	راتب / مرتب
perdre son emploi	**fak̲ada ^{c}amalø-hou**	فقد عمله
chômeur, sans emploi	**^{c}ât̲il ^{c}ani-l-^{c}amal**	عاطل عن العمل
embaucher qqn	**charrala-hou**	شغله
mettre à la porte	**t̲ar^{r}ada, yat̲r^{r}oud**	طرد
patron	**mou^{c}allim**	معلم
payer	**dafa^{c}a, yadfa^{c}**	دفع
gagner de l'argent	**r^{r}abih^{h}a mâl**	ربح مال
il travaille dans un bureau	**ya^{c}mal fî maktab**	يعمل في مكتب
usine	**mas̲na^{c} / ma^{c}mal**	مصنع / معمل
atelier	**machral**	مشغل
magasin	**mah^{r}zan**	مخزن
banque	**mas̲r^{r}af**	مصرف
employé	**moustah^{r}dam**	مستخدم
	mouważ̲ż̲af	موظف
cadre (supérieur)	**câdr^{r} (^{c}âlî)**	كادر (عالي)
secrétaire	**amînat sir^{r}r^{r}/ / sicr^{r}atér^{r}a^{h}**	أمينة سر/ سكرتير
fonctionnaire	**mouważ̲ż̲af h^{h}oukoûmiy**	موظف حكومي
ouvrier	**^{c}âmil**	عامل
stagiaire	**moutadar^{r}r^{r}ib/**	متدرب
	moutar^{r}abbis̲	متربص
chef	**r^{r}a'îs**	رئيس
personnel	**milâk**	ملاك
vendeur	**bâ'i^{c} / bâ'i^{c}a^{h}**	بائع / بائعة
informatique	**ma^{c}loûmâtiya^{h}**	معلوماتية
ordinateur	**compyoûtir**	كمبيرتر
calculette	**h^{h}âsiba^{h}**	حاسبة
outil	**adât**	أداة
bureau	**maktab**	مكتب

A. Que veut dire en français :

1. **awadd an ah^{h}s̲al ^{c}alâ ^{c}amal.**
2. **al-mou^{c}allim your^{r}îd an youcharril mouważ̲ż̲afaïn.**
3. **hal ta^{c}mal fi-l-ma^{c}loûmâtiya^{h} ?**
4. **hal tarbah^{h} kasîr^{r}an fî hâża-l-mas̲r^{r}af ?**
5. **innî ^{c}ât̲il ^{c}ani-l-^{c}amal mounzou sana^{h} wa-nis̲f.**
6. **fî maktabø-nâ sittat mouważ̲ż̲affîn.**
7. **hal ta^{c}tak̲id anna-l-mou^{c}allim sa-yat̲r^{r}oud-ak ?**

B. Comment dites-vous en arabe :

1. *Le patron ne veut pas embaucher un nouvel ouvrier.*
2. *Il y a trop d'employés dans cet atelier.*
3. *Mon chef joue toujours sur sa calculette.*
4. *Depuis quand est-il sans emploi ?*
5. *Pourquoi le directeur vous a-t-il mis à la porte ?*
6. *Un bon ouvrier a toujours ses outils.*

SOLUTION

A. 1. *Je voudrais obtenir un emploi.*
2. *Le patron veut embaucher deux employés.*
3. *Est-ce que vous travaillez dans l'informatique ?*
4. *Est-ce que vous gagnez beaucoup dans cette banque ?*
5. *Je suis chômeur depuis un an et demi.*
6. *Dans notre bureau, il y a six employés.*
7. *Pensez-vous que le patron va vous mettre à la porte ?*

B. 1. **al-mou^{c}allim lâ your^{r}îd an youcharril ^{c}âmil jadîd.**
2. **fî hâża-l-machral kaśîr^{r} mina-l-mouważ̲ż̲afîn.**
3. **r^{r}a'îsî yal^{c}ab dâ'iman ^{c}ala-l-h^{h}âsiba^{h}.**
4. **mounżou matâ houwa ^{c}ât̲il ^{c}ani-l-^{c}amal ?**
5. **limâżâ t̲ar^{r}ada-ka-l-mou^{c}allim ?**
6. **al-^{c}âmilø-j-jaïyyid yah^{h}mil dâ'iman adawâtø-hou.**

le téléphone sonne	**al-hâtif yar^{r}r^{r}in**	الهاتف يرن
décrochez	**ir^{r}fa^c ø-s-sammâ^{c}a^h**	إرفع السماعة
raccrochez	**arlikø-l-h^{r}att**	أغلق الخط
avez-vous le téléph.?	**hal ^{c}ind-ak hâtif**	هل عندك هاتف
quel est votre numéro ?	**mâ houwa r^{r}akam-ak** ?	ماهو رقمك
mon numéro est...	**r^{r}akamî** 43 54 90	رقمي ٩٠ ٥٤ ٤٣
où est l'annuaire?	**aïna-d-dalîl**	أين الدليل ؟
cabine téléphonique	**rour^{r}fat hâtif**	غرفة هاتف
renseignements	**isti^{c}lâmât**	استعلامات
allô, ici Mahjoûb	**âlô hounâ mah^{h}joûb**	آلو هنا محجوب
qui demandez-vous ?	**man tatloub** ?	من تطلب؟
qui est à l'appareil ?	**man ^{c}ala-l-hâtif** ?	من على الهاتف
c'est de la part de qui ?	**min kibal man** ?	من قبل من؟
ne quittez pas	**ibkâ ^{c}ala-l-h^{r}att**	ابق على الخط
poste 25	**al-h^{r}att 25**	الخط ٢٥
se tromper de n°	**ar^r-r^{r}akam ralat**	الرقم غلط
annuler le R-V	**alrâ al-maw^{c}id**	الغى الموعد
passez-moi M. Salim, SVP	**a^{c}tinî as-saïyyid salîm min fadlak**	أعطني السيد سليم من فضلك
pouvez-vs rappeler plus tard ?	**hal tastatî ^{c} an tattasil fîmâ ba^{c}d** ?	هل تستطيع ان تتصل فيما بعد ؟ sa
ligne est occupée	**h^{r}attø-hou machroûl**	خطه مشغول
composez un autre numéro	**idr^{r}ib r^{r}akam âh^{r}ar^r**	اضرب رقم آخر
recomposer le n°	**dar^{r}aba, yadr^{r}ibø-r^r- r^{r}akam min jadîd**	ضرب الرقم من جديد
quand puis-je vous appeler ?	**matâ youmkinø-nî an attasil bika** ?	متى يمكنني ان اتصل بك ؟
passez-moi un coup de fil, appelez-moi, téléphénez-moi	**ittasil bî hâtifiyan**	اتصل بي هاتفيا
il a laissé un message	**tar^{r}aka r^{r}isâla^h hâtifiya^h**	ترك رسالة هاتفية
communication téléphonique	**moukâlama^h hâtifiya^h**	مكالمة هاتفية

A. Que veut dire en français :

1. **zawjat-ak ittasalat bika hâtifiyan.**
2. **as-saïyid ^{c}abdel-kar^{r}îm tar^{r}aka la-ka r^{r}isâla^{h} hâtifiya^{h}.**
3. **matâ youmkin-ak an tattasil bi-s-saïyida^{h} na^{c}mân** ?
4. **limâżâ h^{r}att-ak dâ'iman machroûl** ?
5. **yajib an adr^{r}ibø-r^{r}-r^{r}akam min jadîd**
6. **hal tastatî^{c} an tar^{r}fa^{c}ø-s-sammâ^{c}a^{h}, min fadl-ak** ?

B. Comment dites-vous en arabe :

1. *Je n'ai pas votre numéro de téléphone, pouvez-vous me le donner ?*
2. *Quand puis-je vous appeler ou laisser un message ?*
3. *Ici Monsieur Hammadi, passez-moi le directeur.*
4. *A-t-il laissé un message ?*
5. *Le téléphone sonne. Décrochez et dites que je ne suis pas là.*
6. *Vous vous êtes trompé de numéro. Raccrochez et composez-en un autre.*

SOLUTION

A.

1. *Votre épouse vous a téléphoné.*
2. *MonsieurAbdelkrim vous a laissé un message.*
3. *Quand pourrez-vous rappeler Madame Naaman ?*
4. *Pourquoi votre ligne est-elle toujours occupée ?*
5. *Je dois recomposer le numéro.*
6. *Pouvez-vous décrocher, s'il vous plaît ?*

B.

1. **mâ ^{c}indî r^{r}akam hâtif-ak, hal youmkin-ak an tou^{c}tî-nî iyyâh** ?
2. **matâ youmkinø-nî an attasil bika aw an atr^{r}ouk la-ka r^{r}isâla^{h} hâtifiya^{h}** ?
3. **hounâ as-saïyid h^{h}ammâdî, a^{c}tini-l-moudîr^{r}.**
4. **hal tar^{r}aka r^{r}isâla^{h} hâtifiya^{h}** ?
5. **al-hâtif yar^{r}inn, ir^{r}fa^{c}ø-s-sammâ^{c}a wa-koûl annî raïr^{r} mawjoûd.**
6. **ar^{r}-r^{r}akam ralat, arlikø-l-h^{r}att wa-dr^{r}ib r^{r}akam âh^{r}ar^{r}.**

les médias	**wasâ'ilø-l-i^{c}lâm**	وسائل الاعلام
regarder la télé	**châhada-t-talvaza^{h}**	شاهد التلفزة
chaîne	**kanât**	قناة
écran	**châcha^{h}**	شاشة
présentateur	**mouẑî^{c}**	مذيع
j'allume le poste	**ouch^{c}ilø-l-jihâz**	أشعل الجهاز
j'éteins le poste	**outfiø-l-jihâz**	أطفئ الجهاز
téléspectateurs	**al-mouchâhidoûn**	المشاهدون
je l'ai vu à la télé	**châhadtouhou ^{c}ala-t-talfaza^{h}**	شاهدته على التلفزة
j'écoute la radio	**asma^{c} ø-r^{r}-r^{r}âdiô**	أسمع الراديو
auditeurs	**al-moustami^{c}oûn**	المستمعون
dernières nouvelles	**âh^{r}ir^{r}ø-l-ah^{r}bâr^{r}**	آخر الاخبار
vous êtes à l'antenne	**inna-k ^{c}ala-l-hawâ'**	انك على الهواء
présenter un programme	**kaddama bar^{r}nâmij**	قدم برنامج
émission en direct	**baŝŝ moubâchir^{r}**	بث مباشر
" enregistrée	**bar^{r}nâmij mousajjal**	برنامج مسجل
" intéressante	**bar^{r}nâmij chaïyik**	برنامج شيق
" sportive	**bar^{r}nâmij r^{r}iyâdiy**	برنامج رياضي
journal	**jar^{r}îda^{h}**	جريدة
un quotidien	**ja^{r}rîda^{h} yawmiya^{h}**	جريدة يومية
un hebdomadaire	**majalla^{h} 'ousboû^{c}iya^{h}**	مجلة اسبوعية
un mensuel	**majalla^{h} chahr^{r}iya^{h}**	مجلة شهرية
une nouvelle	**h^{r}abar^{r}**	خبر
quelles sont les nouvelles ?	**mâ hiya-l-ah^{r}bâr^{r} ?**	ما هي الاخبار
article	**makâl**	مقال
lecteur	**kâr^{r}i'**	قارئ
lire	**kar^{r}a'a, yakr^{r}a'**	قرأ
faire de la publicité	**^{c}amila di^{c}âya^{h}**	عمل دعاية
publicité	**di^{c}âya^{h} / i^{c}lân**	دعاية / إعلان
publicitaire	**mou^{c}lin**	معلن

A. Que veut dire en français :

1. **al-mouchâhidoûn youh^{h}ibboûna-l-bar^{r}âmijø-r^{r}-r^{r}iyâdiya^{h}.**
2. **hâżihi-l-kanât toukaddim dâ'iman bar^{r}âmij chaïyika^{h}.**
3. **hal sami^{c}ta-l-ah^{r}bâr^{r} ^{c}ala-r^{r}-r^{r}âdioû al-yawm ?**
4. **lâ, châhadtou-hâ ^{c}ala-t-talfaza^{h}.**
5. **fî hâżihi-l-jar^{r}îda-l-yawmiya^{h} makâlât jaïyida^{h}.**
6. **ah^{r}îr^{r}ø-l-ah^{r}bâr^{r} laïsat jaïyida^{h}.**

B. Comment dites-vous en arabe :

1. *Les dernières nouvelles sont bonnes.*
2. *Les téléspectateurs ne sont pas contents, parce qu'il y a trop de publicité.*
3. *Le présentateur est à l'antenne.*
4. *La présentatrice est en train de lire les nouvelles.*
5. *J'achète toujours cet hebdomadaire, parce qu'il est intéressant.*

SOLUTION

A. 1. *Les téléspectateurs aiment les émissions sportives.*
2. *Cette chaîne présente toujours des émissions intéres santes.*
3. *Avez-vous écouté les nouvelles à la radio aujourd'hui?*
4. *Non, je les ai vues à la télévision.*
5. *Ce journal a de bons articles.*
6. *Les dernières nouvelles ne sont pas bonnes.*

B. 1. **âh^{r}ir^{r}ø-l-ah^{r}bâr^{r} jaïyida^{h}.**
2. **al-mouchâhidîn raïr^{r} masr^{r}oûr^{r}în, li-'anna-d-di^{c}âya^{h} kaśîr^{r}a^{h} jiddan.**
3. **al-moużî^{c} ^{c}ala-l-hawâ' moubâchar^{r}atan.**
4. **al-moużî^{c}a^{h} takr^{r}a'ø-ah^{r}bâr^{r}.**
5. **achtar^{r}î dâ'iman hâżihi-l-majalla-l-ousboû^{c}iya^{h} li-'annahâ chaïyika^{h}.**

L’alphabet arabe

Chaque lettre arabe a quatre formes : 1° en début de mot, 2° en milieu de mot, 3° en fin de mot et 4° forme isolée.

Attention : l’arabe s’écrit de droite à gauche.

4°	3°	2°	1°		
			ء	’	hamza
		ا	ا	ا	alif
ب	ـب	ـبـ	بـ	b	bâ'
ت	ـت	ـتـ	تـ	t	tâ'
ث	ـث	ـثـ	ثـ	ṡ	sâ'
ج	ـج	ـجـ	جـ	j	jîm
ح	ـح	ـحـ	حـ	h^h	h^hâ'
خ	ـخ	ـخـ	خـ	h^r	h^râ'
د	ـد	ـد	د	d	dâl
ذ	ـذ	ـذ	ذ	z	zâl
ر	ـر	ـر	ر	r^r	r^râ’
ز	ـز	ـز	ز	ż	zaïn
س	ـس	ـسـ	سـ	s	sîn
ش	ـش	ـشـ	شـ	ch	chîn
ص	ـص	ـصـ	صـ	s̲	s̲âd
ض	ـض	ـضـ	ضـ	d̲	d̲âd
ط	ـط	ـطـ	طـ	ṫ̲	t̲ah
ظ	ـظ	ـظـ	ظـ	ż̲	z̲ah
ع	ـع	ـعـ	عـ	^{c}	^{c}aïn
غ	ـغ	ـغـ	غـ	r	raïn
ف	ـف	ـفـ	فـ	f	fâ’
ق	ـق	ـقـ	قـ	k̲	k̲âf
ك	ـك	ـكـ	كـ	k	kâf
ل	ـل	ـلـ	لـ	l	lâm
م	ـم	ـمـ	مـ	m	mîm
ن	ـن	ـنـ	نـ	n	noûn
ه	ـه	ـهـ	هـ	h	hâ’
و	ـو	ـو	و	w	wâw
ي	ـي	ـيـ	يـ	y	yâ’

ANNEXES

Sommaire

ÉLÉMENTS DE PRONONCIATION

■ L'arabe est une langue phonétique : son orthographe correspond toujours à sa prononciation. Son alphabet compte 28 lettres plus trois voyelles brèves (**a**, **ou**, **i**) qui ne s'écrivent pas dans le mot. Dans la transcription, l'alphabet compte donc 31 lettres.

• **Les consonnes :**

' Un coup de glotte pouvant se situer en milieu ou en fin de mot. Pour le réaliser, il faut s'arrêter un instant avant d'attaquer : **sa'ala** (*demander*), **masâ'** (*soir*).

b Comme en français : **baït** (*maison*).

t Comme en français : **toumm** (*bouche*).

ṡ Comme un **s** en plaçant la langue entre les dents.

j Comme en français dans **j** : **jamîl** (*beau*).

h^{h} Un **h** fortement expiré en serrant le haut de la gorge : le 1e son du prénom **Hassan**.

h^{r} Un râclement de gorge. Penser au **j** du mot espagnol **Juan** ou au **ch** de l'allemand • . C'est le 1e son du prénom **Khaled**.

d Comme en français : **dinâr** (*le dinar*)

ż Prononcer **z** en plaçant la langue entre les dents, comme dans le mot anglais **the**.

r^{r} un **r** roulé à la bourguignonne ou à l'italienne dans **Roma**.

z Comme en français.

s Comme en français. Même entre deux voyelles il se prononce toujours de la même façon : **masâ'** (*soir*).

ch comme dans le mot français *cheval* : **chams** (*soleil*).

s̲ un **s** qui se prononce assombri, en arrondissant le haut du palais.

d̲ Un **d** qui se prononce assombri, en arrondissant le haut du palais.

t̲ Un **t** qui se prononce assombri, en serrant le haut du palais.

ż̲ Son assez rare dans l'arabe parlé courant : prononcer un **z** en plaçant la langue entre les dents et en arrondissant le palais pour donner une certaine emphase.

^{c} Ouvrir la bouche comme pour prononcer un **a** très profond, attaquer en contractant le fond de la gorge et en faisant résonner le haut du palais. Penser au **a** de *Ali (Baba)*.

r Un **r** grasseyé un peu forcé, un peu comme dans *Paris* prononcé à la parisienne.

f Comme en français.

k̲ Un **k** se prononçant assombri, en arrondissant le haut du palais.

ÉLÉMENTS DE PRONONCIATION

k Comme dans le mot français *kilo*.
l Comme en français.
m Comme dans le français *Michel*, *Samuel*.
n Comme dans le français *manne*.
h Un **h** très expiré, comme quand on force le 1° son de héros.
w Comme dans le français *wagon*. En arabe il peut se trouver en milieu ou en fin de mot : **zawj** (*mari*), **law** (*si*).
y Comme dans *yoyo*.
aï Comme dans *samouraï*.

• **Voyelles brèves :**
a Comme dans *Marie*.
ou Comme dans *boulevard*.
i Comme dans *mine*.

• **Voyelles longues :**
â deux fois plus long qu'un **a** normal : *Maastricht*.
oû deux fois plus long qu'un **ou** normal.
î deux fois plus long qu'un **i** normal.
Placées avant l'article, ces voyelles se prononcent brèves (cf. p. 27).

■ LES LETTRES SOLAIRES

Ce sont les consonnes qui se redoublent après l'article **al** (cf. p. 24).

t, ت	r^r, ر	s̲, ص	n, ن
ṡ, ث	z, ز	d̲, ض	
d, د	s, س	t̲, ط	
ż, ذ	ch, ش	ż̲, ظ	

Ainsi, pour dire *ce cahier*, l'arabe ne dit pas **hâza-l-daftar^r**, mais **hâża-d-daftar^r**.

■ ACCENTUATION

L'accent se met toujours :
• sur la voyelle longue quelle que soit sa position dans le mot : salâm, jamîl, masr^r**oûr^r**,
• sur la voyelle précédant deux consonnes : tak**a**llama (*parler*),
• sur la voyelle précédant l'article **al** : badr^r**ou**-d-dîn (nom propre), k̲alam**ou**-l-walad (*le crayon de l'enfant*).

LE DIALECTAL

À côté de la langue écrite, il a toujours existé une langue orale utilisée dans la communication quotidienne, appelée "dialectal". Chaque région du monde arabe a développé son propre dialectal, de sorte qu'il en existe actuellement, grosso modo, cinq types : le proche-oriental, le bédouin (la Péninsule arabe...), l'égyptien (Egypte, Soudan...), le maghrébin occidental (Algérie, Maroc...) et le maghrébin oriental (Libye, Tunisie...). Plus ou moins différents entre eux, ces dialectals, tendent, sous l'effet de l'alphabétisation et des médias, à se rapprocher de l'écrit, ce qui donne naissance à l'arabe simplifié oral dont nous traitons ici.

Les dialectals se caractérisent par rapport à l'écrit par :

- une prononciation simplifiée des consonnes. Exemples : les **ż**, **ŝ** et **k** deviennent parfois **d**, **t** et **'**.
- une prononciation élastique des voyelles. Exemples : le **a** devient parfois **é** et la **â ê** ou **ô**.
- une partie du lexique est propre à chaque dialectal.
- une syntaxe simplifiée. Exemple : le **an** devant le subjonctif disparaît.
- disparition des voyelles finales **a**, **ou**, **i**, qui, dans l'écrit, indiquent les cas pour les noms et les adjectifs (déclinaison) et les modes pour le verbe.

➲ Ce dernier trait est commun aux dialectals et à l'arabe simplifié oral dont nous traitons.

VERBE *AVOIR*

Le verbe *avoir* est exprimé en arabe de deux façons :

1. à travers une tournure non verbale : ^{c}ind + pronom + nom

J'ai un livre, **^{c}indî kitâb** (m. à m. « *chez moi un livre* »)

J'ai	**^{c}ind-î**	*Nous avons*	**^{c}inda-nâ**
Tu as	**^{c}inda-ka**	*Vous avez*	**^{c}inda-koum**
Tu as	**^{c}inda-ki**		
Il a	**^{c}inda-hou**	*Ils ont*	**^{c}inda-houm**
Elle a	**^{c}inda-hâ**		

■ Pour exprimer l'imparfait, on place l'invariable **kâna** avant **^{c}ind** :

J'avais **kâna ^{c}indî** *Tu avais* **kâna ^{c}inda-ka**

■ Pour exprimer le futur, placer l'invariable **sa-yakoun** avant **^{c}indî** :

J'aurai **sa-yakoûn ^{c}indî** *Tu auras* **sa-yakoûn ^{c}inda-ka**...

VERBE *AVOIR*

2. Par un verbe normal : malaka, yamlouk, ***posséder***

Accompli		**Inaccompli**	
J'ai possédé	**malak-tou**	*Je possède*	**'a-mlik**
Tu as possédé (m)	**malak-ta**	*Tu possèdes*	**ta-mlik**
Tu as possédé (f)	**malak-ti**	*Tu possèdes*	**ta-mlik-în**
Il a possédé	**malak-a**	*Il possède*	**ya-mlouk**
Elle a possédé	**malak-at**	*Elle possède*	**ta-mlouk**
Ns avons possédé	**malak-nâ**	*Ns possédons*	**na-mlouk**
Vs avez possédé	**malak-toum**	*Vs possédez*	**ta-mlouk-oûn**
Ils ont possédé	**malak-oû**	*Ils possèdent*	**ya-mlouk-oûn**

Ce verbe se met aux différents temps et modes comme tous les autres verbes (cf. p. 137-139).
En arabe le verbe *avoir* ne joue absolument pas le rôle d'auxiliaire

VERBE *ÊTRE*

• Dans une phrase nominale, le verbe *être* est sous-entendu : **al-baït kabîr^r**, *la maison (est) grande*, **anâ masr^{r}oûr^r**, *je suis (moi) content.*
Mais dans d'autres contextes il doit être explicite :

Accompli		**Inaccompli**	
J'étais	**koun-tou**	*Je suis*	**'a-koûn**
Tu étais (m)	**koun-ta**	*Tu es* (m)	**ta-koûn**
Tu étais (f)	**koun-ti**	*Tu es* (f)	**ta-koûn-în**
Il était	**kân-a**	*Il est*	**ya-koûn**
Elle était	**kân-at**	*Elle est*	**ta-koûn**
Nous étions	**koun-nâ**	*Nous sommes*	**na-koûn**
Vous étiez	**koun-toum**	*Vous êtes*	**ta-koûn-oûn**
Ils étaient	**kân-oû**	*Ils sont*	**ya-koûn-oûn**

Au futur : **sa** + l'inaccompli

Je serai	**sa-'akoûn**	*Nous serons*	**sa-na-koûn**
Tu seras (m)	**sa-takoûn**	*Vous serez*	**sa-ta-koûn-oûn**
Tu seras (f)	**sa-takoûnîn**		
Il sera	**sa-yakoûn**	*Ils seront*	**sa-ya-koûn-oûn**
Elle sera	**sa-takoûn**		

➡ pour les autres temps, se reporter à la page 137.

VERBES : ACCOMPLI ET INACCOMPLI

■ En arabe, le verbe a deux formes de base à partir desquelles on obtient les différents temps et les différents modes : l'accompli et l'inaccompli qui, pris hors de tout contexte, correspondent au passé et au présent. Ce sont les deux formes que tout lexique doit donner à la 3e personne du masculin singulier. Exemple : *dire*, **kâla** (m. à m. *il a dit*), **yakoûl** (m. à m. *il dit*).

• **L'accompli** de **char^{r}iba**, *boire :*

J'ai bu	**char^{r}ib-tou**	*Nous avons bu*	**char^{r}ib-nâ**
Tu as (m) *bu*	**char^{r}ib-ta**	*Vous avez bu*	**char^{r}ib-toum**
Tu as (f) *bu*	**char^{r}ib-ti**		
Il a bu	**char^{r}ib-a**	*Ils ont bu*	**char^{r}ib-oû**
Elle a bu	**char^{r}ib-at**		

Les marques du sujet (**tou, ta, ti** …) se place en fin de mot.

• **L'inaccompli** de **char^{r}iba**

Je bois	**'a-chr^{r}ab**	*Nous buvons*	**na-chr^{r}ab**
Tu bois (m)	**ta-chr^{r}ab**	*Vous buvez*	**ta-chr^{r}ab-oûn**
Tu bois (f)	**ta-chr^{r}ab-în**		
Il boit	**ya-chr^{r}ab**	*Ils boivent*	**ya-chr^{r}ab-oûn**
Elle boit	**ta-chr^{r}ab**		

• Les marques du sujet (**'a, ta, ya** …) se placent en début de mot, mais celles du genre (le féminin) et du nombre (le pluriel) se placent en fin de mot.

• Dans certains verbes, la voyelle qui affecte la 1e consonne est un **a** (comme ici), dans d'autres c'est un **ou** comme dans **tour^{r}îd**, *tu veux* ; **touh^{h}ibb**, *tu aimes*…).

•*Vous* féminin et *elles* ne sont pas usités en arabe parlé.

• L'accompli et l'inaccompli indiquent-ils un temps précis ?
Oui, s'ils ne sont accompagnés d'aucune conjonction. Sinon c'est le contexte qui détermine le temps :

izâ ataïta (accompli) → *Si tu viens* (présent à sens futur)
law ataïta (accompli) → *Si tu étais venu* (plus-que-parfait)
lam ta'tî (inaccompli) → *Tu n'es pas venu* (passé)
lan ta'tî (inaccompli) → *Tu ne viendras pas* (futur).

VERBES : LES TEMPS

Les temps de l'indicatif

• **Le présent** : est exprimé par l'inaccompli pris seul (cf. supra).

• **Le passé** (composé ou simple) : est exprimé par l'accompli pris seul (cf. supra).

• **Le futur** : se forme en ajoutant **sa** avant l'inaccompli :

Je boirai	**sa-'achr^{r}ab**	*Nous boirons*	**sa-nachr^{r}ab**
Tu boiras	**sa-tachr^{r}ab**	*Vous boirez*	**sa-tachr^{r}ab-oûn**
Tu boiras	**sa-tachr^{r}abîn**		
Il boira	**sa-yachr^{r}ab**	*Ils boiront*	**sa-yachr^{r}ab-oûn**
Elle boit	**sa-tachr^{r}ab**		

• **L'imparfait** : il se forme avec l'inaccompli du verbe concerné précédé de **kâna** conjugué à l'accompli et à la même personne :

Je buvais	**kountou achr^{r}ab**	*Ns buvions*	**kounnâ nachr^{r}ab**
Tu buvais (m)	**kounta tachr^{r}ab**	*Vs buviez*	**kountoum tachr^{r}aboûn**
Tu buvais (f)	**kounti tachr^{r}abîn**		
Il buvait	**kâna yachr^{r}ab**	*Ils buvaient*	**kânoû yachr^{r}aboûn**
Elle buvait	**kânat tachr^{r}ab**		

• **Le plus-que-parfait** : se forme en conjuguant le verbe concerné à l'accompli précédé de **kâna** conjugué à l'accompli également et à la même personne :

J'avais bu	**kountou char^{r}ib-tou**
Tu avais bu (m)	**kounta char^{r}ib-ta**
Tu avais bu (f)	**kounti char^{r}ib-ti**
Il avait bu	**kâna char^{r}ib-a**
Elle avait bu	**kânat char^{r}ib-at**
Nous avions bu	**kounnâ char^{r}ib-na**
Vous aviez bu	**kountoum char^{r}ib-toum**
Ils avaient bu	**kânoû char^{r}ib-oû**

VERBES : LES TEMPS

• **Le futur antérieur** : se forme en conjuguant le verbe concerné à l'accompli précédé de **kâna** conjugué à l'inaccompli et à la même personne :

J'aurai bu	**'a-koûn char^{r}ib-tou**
Tu auras bu (m)	**ta-koûn char^{r}ib-ta**
Tu aura bu (f)	**ta-koûnîn char^{r}ib-ti**
Il aura bu	**ya-koûn char^{r}ib-a**
Elle aura bu	**ta-koûn char^{r}ib-at**
Nous aurons bu	**na-koûn char^{r}ib-nâ**
Vous aurez bu	**ta-koûnoûn char^{r}ibt-oum**
Ils auront bu	**ya-koûnoûn char^{r}ib-oû**

VERBES : LES MODES

■ **L'indicatif :** cf. p. 137.

■ **Le subjonctif** : il se forme en plaçant **an** devant l'inaccompli qui perd son **n** final

Que je boive	**an 'a-chr^{r}ab**
Que tu boives (m)	**an ta-chr^{r}ab**
Que tu boives (f)	**an ta-chr^{r}abî**
Qu'il boive	**an ya-chr^{r}ab**
Qu'elle boive	**an ta-chr^{r}ab**
Que nous buvions	**an na-chr^{r}ab**
Que vous buviez	**an ta-chr^{r}aboû**
Qu'ils boivent	**an ya-chr^{r}aboû**

Cette même forme exprime, selon le contexte, tous les autres temps du subjonctif.

■ **Le conditionnel** : le conditionnel en arabe n'exprime que l'hypothèse réalisable ou irréalisable. Il s'inscrit donc forcément dans une phrase complexe.

VERBES : LES MODES

Les autres nuances du conditionnel français (*j'aimerais*, *un tel aurait gagné le gros lot*, *vous auriez pu...*) sont exprimées en arabe par d'autres tournures.

• Le conditionnel présent s'obtient de la façon suivante :

iża + verbe à l'accompli... verbe à l'inaccompli
iża 'ataïta, na'koul ma^{c}an, *si tu viens (venais) on mangera (mangerait) ensemble*.

• Le conditionnel passé s'obtient ainsi :
- **law** + v. à l'accompli ... (+ **kâna** conjugué à la même personne que le verbe qui suit) + verbe à l'accompli,

law 'ataïta (kounnâ) 'akalnâ ma^{c}an,
Si tu étais venu, nous aurions mangé ensemble.

■ **Autres modes** : l'impératif, les participes passé et présent, ainsi que l'infinitif se forment à partir d'autres schémas verbaux (voir **Parlez arabe en 40 leçons**) .

LES PRONOMS PERSONNELS

Il existe deux formes de pronoms personnels :

• la forme dite « autonome » : **anâ, anta**... (cf. p. 12) et qui est utilisée lorsque le pronom est sujet,

• la forme dite « affixe » (cf. p. 16) utilisée pour exprimer soit :
- le possessif, en se plaçant après le nom (cf. p. 24),
- le pronom complément d'objet direct, en se plaçant après le verbe (cf. p. 40),
- le pronom complément indirect, en se plaçant après les prépositions et adverbes (cf. p. 44 et 56).

➡ Seule différence entre les pronoms « affixes » : la 1e personne du singulier est **nî** lorsqu'elle est placée après le verbe et **î** après les prépositions.

NOMS ET ADJECTIFS : LE NOMBRE

■ **Le duel** : en plus du singulier et du pluriel, l'arabe utilise le duel. Celui-ci se forme, dans l'arabe parlé, en ajoutant indifféremment **ân** ou **aïn** à la fin du mot :

Un enfant, **walad** ; *deux enfants*, **waladân** ou **waladaïn**.
Une fille, **bint** ; *2 filles*, **bintân** ou **bintaïn**.

Remarque : Pour l'adjectif, l'arabe parlé n'utilise curieusement pas le duel, mais le pluriel :

deux petites filles, **bintân s̲irar**^{r}.

■ **Le pluriel** : il y a trois formes de pluriel :

1. **Un pluriel régulier masculin** : il se forme en ajoutant à la fin de certains mots et adjectifs la terminaison **în** (ou **oûn**):

un Syrien, **soûr**^{r}**iy** ; *trois Syriens*, **ṡalâṡat soûr**^{r}**iyîn**.
Je suis content, **anâ masr**^{r}**oûr**^{r} ; *nous sommes contents*, **nah**^{h}**nou masr**^{r}**oûr**^{r}**în** (ou **masr**^{r}**oûr**^{r}**oûn**) .

2. **Un pluriel régulier féminin** : il se forme en ajoutant **ât** à la fin du nom ou de l'adjectif :

une table, **t̲âwila**^{h} ; *des tables*, **t̲âwilât**.
jolie, **jamîla**^{h} ; *jolies*, **jamîlât**.

Remarque : Ces deux formes de pluriel régulier ne s'appliquent qu'aux noms et adjectifs désignant des humains.

3. **Le pluriel irrégulier** : il se forme selon plusieurs modèles qui ont en commun la modification vocalique du mot tout en gardant les consonnes d'origine :

grand, **kabîr**^{r} → *grands*, **kibâr**^{r}.
Savant, ^{c}**âlim** → *savants*, ^{c}**oulamâ'**.

Dans le lexique, ce pluriel est indiqué entre parenthèses.

• Ce genre de pluriel peut se trouver dans les noms et adjectifs qui désignent aussi bien des humains que des non-humains.

■ **L'accord du pluriel de noms désignant des non-humains** : les noms renvoyant à des animaux, des éléments de la nature et des choses concrètes ou abstraites se comportent comme un nom féminin singulier dans leur accord avec l'adjectif, le verbe ou le pronom :

Les chiens aboient, **al-kilâb ta**^{c}**wî** (et non **ya**^{c}**woûn**).
Les portes sont ouvertes, **al-abwâb maftoûh**^{h}**a**^{h} (et non pas **maftoûh**^{h}**ât**)
Je les (les pommes) aime, **ouh**^{h}**ibbø-hâ** (et non **ouh**^{h}**ibbø-houm**).

LES MOIS

■ **Les mois de l'année civile** : l'arabe dispose de plusieurs systèmes ; celui hérité de l'araméen est encore en usage au Proche-Orient (sauf l'Egypte) ; celui hérité de l'Occident au siècle dernier est utilisé notamment en Egypte et au Maghreb

	Proche-Orient	**Egypte-Maghreb**
janvier	**kânoûn-ṡ-ṡânî**	**yanâyir^{r}**
février	**choubâ<u>t</u>**	**fibr^{r}âyir^{r}**
mars	**âżâr^{r}**	**mar^{r}s**
avril	**nîsân**	**abr^{r}îl**
mai	**aïyâr^{r}**	**mâyou**
juin	**h^{h}ouzaïr^{r}ân**	**yoûnyoû**
juillet	**tammoûz**	**yoûlyoû**
août	**âb**	**ouroustous**
septembre	**aïloûl**	**sibtambir^{r}**
octobre	**tichr^{r}în-l-awwal**	**ouktoûbir^{r}**
novembre	**tichr^{r}în-ṡ-ṡânî**	**noufambir^{r}**
décembre	**kânoûn-l-awwal**	**disambir^{r}**

■ **Les mois musulmans** (le calendrier de l'Hégire) :

1. **mouh^{h}ar^{r}r^{r}am**
2. **<u>s</u>afar^{r}**
3. **r^{r}abî^{c}-l-awwal**
4. **r^{r}abî^{c}-ṡ-ṡânî**
5. **joumada-l-awwal**
6. **joumada-ṡ-ṡânî**
7. **r^{r}ajab**
8. **cha^{c}bân**
9. **r^{r}ama<u>d</u>ân**
10. **chawwâl**
11. **żou-l-<u>k</u>i^{c}da^{h}**
12. **żou-l-h^{h}ijja^{h}**

■ Plusieurs systèmes sont en vigueur dans le monde arabe, mais ils suivent tous le calendrier occidental (dit grégorien). Mais pour les affaires religieuses (qui se confondent dans certains pays avec les affaires civiles), un autre système est utilisé, en partie hérité de la tradition arabe pré-islamique. Son point de départ est le 15 ou le 16 juillet (selon les interprétations) de l'année 622 de notre ère, année de l'Hégire (en arabe **al-hijr^{r}a^{h}**). En effet, à cette date, le Prophète Muhammad, menacé par les siens qui lui refusent encore leur foi, quitte sa ville natale, La Mecque, pour trouver refuge dans une autre ville (**Yaṡr^{r}ib**) appelée depuis Médine. Ce décalage de 622 ans entre les deux calendriers tend à se combler du fait que ce dernier est régi par l'année lunaire, laquelle est plus courte que l'année solaire de quelques jours.

LES NOMBRES CARDINAUX

• **Les nombres cardinaux de 1 à 10 :**

1 wâh^{h}id	**واحد**	**6 sitta^{h}**	**ستة**
2 iṡnân	**اثنان**	**7 sab^{c}a^{h}**	**سبعة**
3 ṡalâṡa^{h}	**ثلاثة**	**8 ṡamânia^{h}**	**ثمانية**
4 ar^{r}ba^{c}a^{h}	**أربعة**	**9 tis^{c}a^{h}**	**تسعة**
5 h^{r}amsa^{h}	**خمسة**	**10 ^{c}achr^{r}a^{h}**	**عشرة**

a) **wâh^{h}id**, *un* se place après le nom et s'accorde avec lui en genre : **r^{r}ajoul wâh^{h}id**, *un [seul] homme* ; **imr^{r}a'a wâh^{h}ida^{h}**, *une* [*seule*] *femme*.

b) **iṡnân** est utilisé uniquement pour compter. Pour 2 hommes, l'arabe utilise le duel : **r^{r}ajoulân** ou **r^{r}ajoulaïn**.

c) Au Proche-Orient, on utilise encore les chiffres dits "indiens" : 1 = ١, 2 = ٢, 3 = ٣, 4 = ٤, 5 = ٥, 6 = ٦, 7 = ٧, 8 = ٨, 9 = ٩, 10 = ١٠.

• **Les nombres cardinaux de 10 à 20 :**

11 ah^{h}da-^{c}achar^{r}	**16 sittat-^{c}achar^{r}**
12 iṡnâ-^{c}achar^{r}	**17 sab^{c}at-^{c}achar^{r}**
13 ṡalâṡat-^{c}achar^{r}	**18 ṡamaniat-^{c}achar^{r}**
14 ar^{r}ba^{c}at-^{c}achar^{r}	**19 tis^{c}at-^{c}achar^{r}**
15 h^{r}amsat-^{c}achar^{r}	**20 ^{c}ichr^{r}în**

• **Les dizaines**

10. **^{c}achar^{r}a**	40. **ar^{r}ba^{c}în**	70. **sab^{c}în**
20. **^{c}ichr^{r}în**	50. **h^{r}amsîn**	80. **ṡamânîn**
30. **ṡalâṡîn**	60. **sittîn**	90. **tis^{c}în**

100	**mi'a** (pl. **mi'ât**)
1000	**alf** (pl. **âlâf/ouloûf**)
1000 000	**malyoûn** (pl. **malâyîn**)

• **Les nombres de 21 à 99 :**

21. **wâh^{h}id wa-^{c}ichr^{r}în** 35. **h^{r}amsa^{h} wa-ṡalaṡîn** ...

Remarque : Le nom placé après un nombre de 11 à 100 reste au singulier : *15 hommes*, **h^{r}amsat ^{c}achar^{r} rajoul** (en non **rijâl)**

LES NOMBRES ORDINAUX

• **Les nombres ordinaux de 1 à 10 :**

1^{e}	**awwal**	أول	6^{e}	**sâdis**	سادس
2^{e}	**ṡânî**	ثاني	7^{e}	**sâbi^{c}**	سابع
3^{e}	**ṡâlis**	ثالث	8^{e}	**ṡâmin**	ثامن
4^{e}	**r^{r}âbi^{c}**	رابع	9^{e}	**tâsi^{c}**	تاسع
5^{e}	**h^{r}âmis**	خامس	10^{e}	**^{c}âchir**	عاشر

Remarque : Pour dire *premier*, l'arabe dit **oûlâ** أولى, mais pour le reste, il suffit d'ajouter le **a^{h}** du féminin : 7° = **sâbi^{c}a^{h}**...

• **Les nombres ordinaux de 11 à 19 :**

11^{e}	**h^{h}âdî ^{c}achar^{r}**	14^{e}	**r^{r}âbi^{c} ^{c}achar^{r}**	17^{e}	**sâbi^{c} ^{c}achar^{r}**
12^{e}	**ṡânî ^{c}achar^{r}**	15^{e}	**h^{r}âmis ^{c}achar^{r}**	18^{e}	**ṡâmin ^{c}achar^{r}**
13^{e}	**ṡâlis ^{c}achar^{r}**	16^{e}	**sâdis ^{c}achar^{r}**	19^{e}	**tâsi^{c} ^{c}achar^{r}**

Pour mettre au féminin, on ajoute le signe du féminin **a** au premier terme : la 13e = **aṡ-ṡâliṡa ^{c}achar^{r}**

• **Les dizaines de 20 à 90, puis 100 et 1000 :** on utilise les mêmes formes que les nombres cardinaux pour le masculin comme pour le féminin.

• **Les nombres ordinaux de 21 à 99 :**

21e. **h^{h}âdî wa-^{c}ichr^{r}în** (m), **h^{h}adiya^{h} wa ^{c}ichr^{r}în** (f)
35e. **h^{r}âmis wa-ṡalâṡîn** (ma), **h^{r}âmisa^{h} wa-ṡalaṡîn** (f)
77e. **sâbi^{c} wa-sab^{c}în** (ma), **sâbi^{c}a^{h} wa-sab^{c}în** (f)

Comment lire ce lexique français-arabe

• Le verbe est donné à l'**accompli** (cf. p. 52, 136, 137) suivi, entre parenthèses, de sa forme à l'**inaccompli**.

• Le pluriel du nom et de l'adjectif est signalé dans les cas les plus courants :

– le pluriel irrégulier est signalé entre parenthèses : **yawm (aïyâm)** ;

– le pluriel régulier masculin est indiqué par sa terminaison **în** : **faransiy** (**în**), lire **faransiyyîn** ;

– le pluriel régulier féminin est indiqué par sa terminaison **ât** : **kitâr^{r}** (**ât**), *train* : **kitâr^{r}ât**. Le pluriel des mots se terminant par **a^{h}** étant presque toujours en **ât** (**saïyâra^{h}** (**saïyârât**)), ne sera pas signalé.

– le pluriel des adjectifs et de certains noms dont le pluriel se termine en **în** ou en **ât** selon qu'il est au masculin ou au féminin est signalé par (R) (lire : pluriel Régulier) .

• Lorsque le genre du mot arabe ne correspond pas à celui du français, il est signalé par (m), pour **masculin** et (f) pour **féminin**.

• Parfois, par manque de place, le terme arabe est omis.

à, **ilâ** إلى
à ... heure, **^{c}ala-s-sâ^{c}a^{h}** على الساعة
abricots, **michmich** مشمش
absent, **râ'ib** (R), غائب
absent de chez soi, **râ'ib ^{c}ani-l-baït** غائب عن البيت
accepter, **kabila** (**yakbal**) قبل
accident, **h^{h}âdis** (**h^{h}awâdis**) حادث
accompagner, **r^{r}âfaka** (**your^{r}âfik**) رافق
acheter, **ichtar^{r}â** (**yachtar^{r}î**) اشترى
acheter à crédit, **ichtar^{r}â bi-d-daïn** اشترى بالدين
addition, **h^{h}isâb / fâtoûr^{r}a^{h}** حساب / فاتورة
adolescent, **yâfi^{c}** (p.r.), يافع
adresse, **^{c}ounwân** (m) عنوان
adulte, **bâlir** (R) بالغ
aéroport, **matâr^{r}** مطار
affaires, **rar^{r}âd** (**arr^{r}âd**) غرض
âge, **^{c}oumr^{r}** (**a^{c}mâr^{r}**), عمر
agent de police, **chour^{r}tiy** (**chourta^{h}**) شرطي
aider, **sâ^{c}ada** (**yousâ^{c}id**) ساعد
aimer, **ah^{h}abba** (**youh^{h}ibb**) أحب
j'aimerais, **awadd an** أود أن
aller, **żahaba** (**yażhab**) ذهب
s'en -, **r^{r}âh^{h}a** (**yar^{r}oûh^{h}**), راح
aller à l'étranger, **sâfar^{r}a ila-l-h^{r}âr^{r}ij** سافر الى الخارج
aller en vacances, **żahaba ila-l-^{c}outla^{h}** ذهب الى العطلة
il me va (style...), **yalbak lî**
il me va (taille), **younâsibnî**
aller et retour, **żahâban iyâban** ذهابا إيابا
aller simple, **żahâban fakat** ذهابا فقط
allongé, **moutamaddid** (R)
allonger (s'), **tamaddada** (**yatamaddad**) تمدد
allons, **haïyâ**, هيا
allumer, **ach^{c}ala** (**youch^{c}il**) أشعل
allumer la lumière, **ach^{c}ala ad-daw'** اشعل الضوء

allumer le poste, **ach^{c}ala-l-jihâz** اشعل الجهاز
ami, **sadîk** (asdikâ') صديق
anglais (l'), **al-inglîziya^{h}**, الانكليزية
année, **sana^{h}** (sinîn)/ ^{c}**âm** سنة/عام
année scolaire, **sana^{h} dir^{r}âsiya^{h}** سنة دراسية
anniversaire, **^{c}îd mîlâd** عيد ميلاد
annuaire, **dalîl** دليل
annuler le rendez-vous, **alrâ al-maw^{c}id** ألغى الموعد
appartenir à, **sâhibø-hou** صاحبه
appeler le docteur, **istad^{c}â at-tabîb** استدعى الطبيب
appeler (qq) au téléphone, **ittasala** (yattasil) **bi-** إتّصل بـ
appeler (s'), **ismø-hou**, اسمه
arrêter (s'), **tawakkkafa** (yatawakkaf) توقّف
asseoir (s'), **jalasa** (yajlis) جلس
apprendre, **ta^{c}allama** (yata^{c}allam) تعلم
après, **ba^{c}da** بعد
après-demain, **ba^{c}da rad** بعد غد
arabe, **^{c}ar^{r}abiy** (^{c}ar^{r}ab) عربي
arabe (l'-), **al-^{c}ar^{r}abiya^{h}** العربيّة
arbre, **chajar^{r}a^{h}** (f)(achajâr^{r}) شجرة
argent, **mâl** مال
argent liquide, **souyoûla^{h}** سيولة
armoire, **h^{r}izâna^{h}** خزانة
arrêt, **mawkif** (mawâkif) موقف
arrêt de bus, **mawkif bâs**
arriver, **wasala** (yasil) وصل
arriver en, **wasala bi-** وصل بـ
article d'occasion, **sinf mousta^{c}mal**, صنف مستعمل
article (de presse), **makâl** مقال
ascenseur, **mis^{c}ad** مصعد
assez! **kafâ** كفى
assez, **mâ yakfî /kifâya^{h}/ kâfî** ما يكفي / كفاية/ كافي
assis, **jâlis** (R) جالس
assiette, **sah^{h}n** (m) (**souh^{h}oûn**)
atelier, **machral** مشغل
attacher, **r^{r}abata** (yar^{r}bit) ربط
attachez vos ceintures, **ir^{r}bitoû ah^{h}zimatø-koum** اربطوا احزمتكم
attendre, **intazar^{r}a** (yantazir^{r}) انتظر
attterrir, **habata** (yahbit) هبط
atterrissage, **houboût** هبوط
au revoir, **ila-l-likâ'** الى اللقاء
dire - , **wadda^{c}a** (youwaddi^{c})
auditeur, **moustami^{c}**(R) مستمع
autant, **bi-hâza-l-mikdâr^{r}** بهذا المقدار
autobus, **bâs / outoubîs** باص / اوتوبيس
automne, **h^{r}ar^{r}îf** خريف
autoroute, **oûtoustr^{r}âd** اوتستراد
autre (un/ une), **âh^{r}ar^{r} / ouh^{r}r^{r}â**
avant, **kabla** قبل
avion, **tâ'ir^{r}a^{h}** طائرة
avis, **r^{r}a'iy** (âr^{r}â') رأي
avocat, **mouh^{h}âmî** (în) محامي
avocate, **mouh^{h}âmiya^{h}** محامية
avoir, **malaka** (yamlik)/ ^{c}**indî** ملك /عندي
avoir (- assez de), **iktafâ** (yaktafî) اكتفى
bagages, **amti^{c}a^{h}** أمتعة
bague, **h^{r}âtim** (m) خاتم
banlieue, **dawâh^{h}i-l-madîna^{h}** ضواحي المدينة
banque, **masr^{r}af** (m) مصرف

bateau, **mar^{r}kab / bâh^{r}ir^{r}a^{h}** مركب / باخرة
bâtiment, **binâya^{h}** بناية
beau, **jamîl / h^{h}oulouw** (R) جميل /حلو
il fait - , **at-taks jamîl** الطقس جميل
beau-frère, **silf** سلف
beaucoup, **kašîr^{r}an** كثيرا
beaucoup de, **kašîr^{r}** كثير من
bébé, **tifl** (**atfâl**)/ **r^{r}adî ^{c}** طفل/رضيع
belle-fille, **kanna^{h}** كنة
belle-sœur, **silfa^{h}** سلفة
bête (être), **rabiy** (R) غبي
bêtise, **rabâ'** غباء
beurre, **zoubda^{h}** زبدة
bicyclette, **dar^{r}r^{r}âja^{h}** دراجة
bien, **jaïyidan** جيدا
bienvenue, **ahlan wa-sahlan**
bière, **bîr^{r}a^{h}** بيرة
bijoux, **h^{h}iliy/ moujawhar^{r}ât** حلي / مجوهرات
billet, **bitâka^{h}** بطاقة
blanc, **abyad** (**bîd**) أبيض
blessé, **majr^{r}oûh^{h} /jar^{r}îh^{h},** مجروح / جريح
bleu, **azr^{r}ak** (**zour^{r}k**) أزرق
bœuf (du), **lah^{h}m bakar** لحم بقر
boire, **char^{r}iba** (**yachr^{r}ab**) شرب
boire (le), **ach-chour^{r}b**
boisson, **machr^{r}oûb** (m) مشروب
bon marché, **r^{r}ah^{r}îs** رخيص
bonjour, **sabâh^{h}ø-l-h^{r}aïr^{r}** صباح الخير
bonne affaire, **safka^{h} jaïyida^{h}** صفقة جيدة
bonne heure (de), **bâkir^{r}an** باكرا
bonne nuit, **laïla^{h} sa^{c}îda^{h}** ليلة سعيدة
bonsoir, **masâ'ø-l-h^{r}air^{r}** مساء الخير
bord de la mer, **châti' ø-l-bah^{h}r^{r}** شاطىء البحر
bottes, **jazma^{h}** جزمة
bouche, **fam / toum** (m) فم/ تم
boulevard, **jâdda^{h}** جادة
boulgour, **bour^{r}roul** برغل
bouteille, **kinnîna^{h}** قنينة
boutique, **doukkân** دكان
bouton, **zir^{r}r ^{r}(azr^{r}âr^{r})** زر
bras, **żirâ^{c}** ذراع
briller (soleil), **sata^{c}a** (**yasta^{c}**)
brouillard, **dabâb** ضباب
bruit, **dajja^{h}** ضجة
brume, **dabâb** ضباب
brun(e), **asmar^{r}/ samr^{r}â'**
bureau, **maktab** (**makâtib**) مكتب
bureau de tourisme, **isti^{c}lâmât siyâh^{h}iya^{h}**
bus, **bâs / outoûbîs**
cabine téléphonique, **rour^{r}fat-hâtif** غرفة هاتف
cadre, **câdr^{r}** (**kawâdir^{r}**) كادر
cadre supérieur, **câdr^{r} r^{r}afî ^{c}** كادر رفيع
café, **kahwa^{h}** قهوة
cahier, **daftar^{r}** (**dafâtir^{r}**) دفتر
calculette, **âla^{h} h^{h}âsiba^{h}** آلة حاسبة
caleçon / culotte, **libâs tah^{h}tânî**
camion, **châh^{h}ina^{h}** شاحنة
campagne, **r^{r}îf** (m) ريف
car de tourisme, **h^{h}âfila^{h}** حافلة
carafe, **ibr^{r}îk** (m) إبريق
carotte, **jazar^{r}a^{h}** (**jazar^{r}**) جزرة
carte d'identité, **bitâkat houwiya^{h}** بطاقة هوية
carte de crédit, **bitâka^{h} masrifiya^{h}** بطاقة مصرفية
casser, **kasar^{r}a** (**yaksour^{r}**) كسر
casserole, **tanjar^{r}a^{h}** طنجرة

cause, **sabab** (m)(**asbâb**) سبب

à - de, **bi-sabab** بسبب

ceinture, **h^{h}izâm** (**ah^{h}zima^{h}**)/ **zinnâr^{r}** (m) حزام / زنّار

cela, **żâlika** ذلك

célibataire, **a^{c}zab** أعزب

centre-ville, **mar^{r}kizø-l-madîna^{h}** مركز المدينة

cerveau, **mouh^{r}h^{r}** مخ

chaîne, **kanât** (**kanawât**) قناة

chaise, **kour^{r}siy** (**kar^{r}âsî**) كرسي

chambre, **rour^{r}fa^{h}** (**rour^{r}af**) غرفة

chambre double, **rour^{r}fa^{h} bi-sar^{r}îr^{r}aïn** غرفة بسريرين

chambre simple, **rour^{r}fa^{h} bi-sar^{r}îr^{r}** غرفة بسرير

champion, **batal** (**abtâl**) بطل

championnat, **boutoûla^{h}** بطولة

chapeau, **koubba^{c}a^{h}** / **bour^{r}naïta^{h}** قبعة /برنيطة

chat, **kitta^{h}** (**kitat**) قطة

chaud, **h^{h}âr^{r}r^{r}** / **dâfi'** حار/دافئ

il fait - , **at-taks h^{h}âr^{r}r^{r}** الطقس حار

chauffeur, **sâ'ik** سائق

chaussettes, **jawâr^{r}ib** جوارب

chaussures, **h^{h}iżâ'** حذاء

chef, **r^{r}a'îs** (**r^{r}ou'asâ'**) رئيس

chemin de fer, **sikkat al-h^{h}adîd** سكة الحديد

chemise, **kamîs** (m) (**koumsân**) قميص

chèque, **chèk** (**chèkât**) شيك

cher, **râlî** غالي

cheveux, **cha^{c}r^{r}** شعر

chez, **^{c}inda**, عند

- soi , **fi-l-baït** في البيت

être - soi , **mawjoûd fi-l-baït** موجود في البيت

chien, **kalb** (**kilâb**) كلب

chirurgien, **jar^{r}r^{r}âh^{h}** (**în**) جراح

chômeur, voir sans emploi.

chose, **chaï'** (m) (**achyâ'**) شيء

ciel, **samâ'** (f) سماء

cigarette, **sîgâr^{r}a^{h}** سيجارة

cinéma, **sînémâ** (f) سينما

circulation, **h^{h}ar^{r}akat al-mour^{r}ôur^{r}** حركة المرور

clair, **sâh^{h}î** صاحي

temps - , **jaww sâh^{h}î** جو صاحي

classique, **klasîkî** كلاسيكي

clef, **miftâh^{h}** (m)(**mafâtîh^{h}**) مفتاح

climat, **taks** طقس

cœur, **kalb** (**kouloûb**) قلب

coin, **zâwiya^{h}** زاوية

col, **kabba^{h}** قبة

colère (je suis en -), **anâ radbân** غضبان

collant , **collân** / **jawâr^{r}ib**

collège, **madr^{r}asa^{h} i^{c}dâdiya^{h}** مدرسة اعدادية

collier, **^{c}akd** عقد

combien, **kam** كم

c'est - ? **bi-kam** ?بكم

commander (qqc), **^{c}amila talabiyya^{h}** عمل طلبية

commander un article, **wassâ ^{c}alâ rar^{r}ad** وصى على غرض

commencer, **ibtada'a** (**yabtadi'**)

comment, **kaïfa** كيف

commissariat, **mar^{r}kaz chour^{r}ta^{h} mah^{r}far^{r}** مركز شرطة /مخفر

communication, **moukâlama^{h} hâtifiya^{h}**, مكالمة هاتفية

complet (c'est), **lam yabkâ rour^{r}af** لم يبق غرف

composez le numéro, **idr^{r}ibø-r^{r}-r^{r}akam** اضرب الرقم

comprendre, **fahima**(**yafham**) فهم

compter, ^{c}adda (ya^{c}oudd) عد
concerne, (ça me -), hâżâ ya^{c}nînî, هذا يعنيني
concurrence, mounâfasa^{h}
conducteur, sâ'ik (în) سائق
conduire, kâda (yakoûd) قاد
- vite, asr^{r}a^{c}a (yousr^{r}i^{c}) أسرع
confiture, mour^{r}abbâ (m) مربى
connaître, ^{c}ar^{r}afa (ya^{c}r^{r}if) عرف
content, masr^{r}oûr ^{r}(R) مسرور
contrat, ^{c}akd (^{c}oukoûd) عقد
contravention, mouh^{r}âlafa^{h} مخالفة
corps, jism (ajsâm) جسم
corsage, sidr^{r}iya^{h} صدرية
costume, badla^{h} (ât) بدلة
coton, koutn قطن
oucher (se), nâma (yanâm) نام
coucher du soleil, marr^{r}ib مغرب
couloir, r^{r}iwâk / mamchâ رواق / ممشى
couper (se), jar^{r}ah^{h}a (yajr^{r}ah^{h}) nafsahou جرح نفسه
- le doigt, jar^{r}ah^{h}a isba^{c}ø-hou جرح إصبعه
coup de fil, moukâlama^{h} مكالمة
cour intérieure, finâ' (m) فناء
courses (faire les), tasawwaka (yatasawwak) تسوّق
court, kasîr^{r}, قصير
être à - d'argent, yankous-hou-l-mâl
court de tennis, mal^{c}ab tenîs(m) ملعب تنيس
couscous, kouskoûs كسكس
cousin / cousine : cf. p. 31.
couteau, sikkîn (sakâkîn) سكين
coûter (ça -), yousâwî / ṡamanø-hou يساوي/ثمنه
ça me -, youkallifø-ni يكلّفني

cravate, r^{r}abtat-^{c}ounk ربطة عنق
croire, żanna (yażoun) / i^{c}takada (ya^{c}takid) ظن / اعتقد
croisement, takâtou^{c} تقاطع
cuillère, mil^{c}aka^{h} (malâ^{c}ik) ملعقة
cuir, jild (jouloûd)جلد
cuisine, matbah^{r} (m) (matâbih^{r})
culotte, libâs tah^{h}tâni
Damas, dimachk دمشق
dame, saïyda^{h} سيدة
danser, r^{r}akasa (yar^{r}kous) رقص
davantage, mazîd / akṡar^{r} مزيد / اكثر
debout, wâkif (R)واقف
décès, wafât وفاة
décoller, akla^{c}a (youkli^{c}) / târ^{r}a (yatîr^{r}) اقلع / طار
décrocher, r^{r}afa^{c}a-s-sammâ^{c}a^{h} رفع السماعة
défense de, mamnoû^{c}ممنوع
défense de fumer, mamnoû^{c} at-tadh^{r}în ممنوع التدخين
déjeuner (un), radâ' غداء
déjeuner, taraddâ (yataraddâ) تغدى
demain, radan غداً
demander, talaba (yatloub) طلب
démarrer, akla^{c}a (youkli^{c}) أقلع
déménager, intakala mina-l-baït, انتقل من البيت
dent, sinn (asnân) سن
dentiste, tabîb asnân طبيب اسنان
depuis, mounżou منذ
dernier, ah^{r}ir^{r} / ah^{r}îr^{r} آخر/أخير
dernières nouvelles, âh^{r}ir^{r} al-ah^{r}bâr ^{r} آخر الاخبار
déshabiller (se) / enlever son habit, h^{r}ala^{c}a ṡiyâbø-hou

خلع ثيابه

désolé, **âsif** آسف

dessert,, **mouh^{h}alliyât**, محليات

dessine, **r^{r}asama (yar^{r}soum)** رسم

يجب/ يلزم/ علي/ لازم

difficile, **sa^{c}b** صعب

dimanche, **al-ah^{h}ad** الاحد

dîner (un), **^{c}achâ'** عشاء

dîner, **ta^{c}achchâ (yata^{c}achchâ)** يتعشى

dire, **kâla (yakoûl)** قال

directement, **moubâchar^{r}atan** مباشرة

directeur, **moudîr^{r} (moudar^{r}â')**

diriger (se) , **tawajjaha (yatawajjah)**, توجه

distance, **masâfa^{h}** مسافة

divorce, **talâk** طلاق

divorcer, **tallaka (youtallik)** طلّق

doigt, **isba^{c} (asâbi^{c})** إصبع

donner, **a^{c}tâ (you^{c}tî)** أعطى

dormir, **nâma (yanâm)** نام

douane, **jamâr^{r}ik**, جمارك

passer la -, **ijtâza-l-jamâr^{r}ik** اجتاز الجمارك

doucher (se), **tah^{h}ammama (yatah^{h}ammam)** تحمّم

eau, **mâ' (miyâh)** ماء

écharpe, **mindîl (m) (manâdîl)** منديل

échouer, **r^{r}asaba (yar^{r}soub)** رسب

école, **madr^{r}asa^{h} (madâr^{r}is)** مدرسة

école élémentaire, **h^{h}adâna^{h}** حضانة

école primaire, **madr^{r}asa^{h} ibtidâ'iya^{h}**

écouter la radio, **istama^{c}a ila-r^{r}-r^{r}âdiô** استمع الى الراديو

écran, **châcha^{h}** شاشة

écrire, **kataba (yaktoub)** كتب

- un roman, **allafa (you'allif)**

écrire, **kataba (yaktoub)** كتب

écrivain, **kâtib (kouttâb)** كاتب

Egypte, **misr^{r}** مصر

élégant, **anîk (R)** أنيق

élève, **tilmîż (talâmîż)** تلميذ

embaucher qqn, **charrala (youcharril)** شغّل

embouteillage, **zah^{h}maat saïr^{r}**

émettre un programme, **ażâ^{c}a bar^{r}nâmij** أذاع برنامج

émission en direct, **bašš moubâchir^{r}** بث مباشر

émission intéressante, **bar^{r}nâmij chaïyik** برنامج شيّق

émission sportive, **bar^{r}nâmij r^{r}iyâdiy** برنامج رياضي

emménager, **intakala ila-l-baït** انتقل الى البيت

emploi, **^{c}amal (a^{c}mâl)** عمل

être sans , **^{c}âtil ^{c}ani-l-^{c}amal** عاطل عن العمل

employé, **moustah^{r}dam / mouażżaf (în)** موظف

enceinte, **h^{h}âmil** حامل

enfant, **walad (awlâd)** ولد

enlever (un habit), **h^{r}ala^{c}a šawbahou** خلع ثوبه

enregistré, **mousajjal** مسجل

ensoleillé, **mouchmis** مشمس

entendre, **sami^{c}a (yasma^{c})** سمع

entrée, **douh^{r}oûl** دخول

entrer, **dah^{r}ala (yadh^{r}oul)** دخل

épais, **samîk** سميك

épeler, **tahajjâ (yatahajjâ)** تهجى

épouser, **tazawwaja (yatazawwaj)** تزوّج

équipage, **tâkam** طاقم

équipe, **far^{r}îk (fir^{r}ak)** فريق

escalier, **dar^{r}aj (adr^{r}âj)** درج

essayer, **jar^{r}r^{r}aba (youjar^{r}r^{r}ib)** جرب
essence, **benzîn** (m) بنزين
est-ce que ? **hal** هل
estomac, **ma^{c}ida^{h}** معدة
et, **wa-**, و
été, **ṣaïf** صيف
éteindre, **aṯfa'a (youṯfi')** أطفأ
éteindre la lumière, **aṯfa'a-ḏ-ḏaw'** أطفأ الضوء
éteindre le poste, **aṯfa'a-l-jihâz** أطفأ الجهاز
étonné, **mouta^{c}ajjib** (R) متعجب
étranger, **ajnabiy (ajânib)**
à l'- , **fî-l-h^{r}âr^{r}ij** في الخارج
aller à l'- , **sâfar^{r}a ila-l-h^{r}âr^{r}ij** سافر الى الخارج
être, **kâna (yakoun)** كان
être là, **mawjoûd**, (R) موجود
être toujours là, **lâ yazâl** لا يزال
êtroit, **ḏaïyiḵ**, ضيق
étudier, **dar^{r}asa (yadr^{r}ous)** درس
évier, **majlâ (majâlî)** مجلى
examen, **imtih^{h}ân** امتحان
excursion, **r^{r}ih^{h}la^{h} (ât)** رحلة
excusez-moi, **^{c}ouzr^{r}an** عذرا
exposition, **ma^{c}r^{r}aḏ (ma^{c}âr^{r}iḏ)** معرض
fâché, **za^{c}lân** (R) زعلان
facile, **sahl** سهل
faim (avoir -), **anâ jaw^{c}ân** أنا جوعان
faire, **^{c}amila (ya^{c}mal)** عمل
falloir (il faut), **yajib** يجب
famille, **^{c}â'ila^{h}** عائلة
fatigué, **ta^{c}bân** تعبان
fauteuil, **kanaba^{h} (kanabâyât)**
faux (c'est) , **h^{r}aṯa'** خطأ
femme, **imr^{r}a'a^{h} (nisâ')** امرأة
femme (épouse), **zawja^{h} (ât)**
fenêtre, **nâfiża^{h} (nawâfiż)** نافذة / **choubbâk (chabâbîk)** شباك
fermer à clef, **aḵfala (youḵfil)**
fermer, **sakkar^{r}a (yousakkir^{r})** / **arlaḵa (yourliḵ)** سكّر/أغلق
fête, **^{c}îd** (m) **(a^{c}yâd)** عيد
feux (rouges), **aḏ-ḏaw' al-ah^{h}mar^{r}** الضوء ا
fiancé, fiancée, **h^{r}aṯîb, h^{r}aṯîba^{h}** خطيب / خطيبة
fiancer (se), **h^{r}aṯaba (yah^{r}ṯoub)**
fièvre (avoir de la -), **^{c}indî h^{h}ar^{r}âr^{r}a^{h}** عندي حرارة
fille, **bint (banât)** بنت
film, **film (aflâm)** فلم
fils, **ibn (abnâ')** ابن
finale, **nihâ'iy** نهائي
fleur, **zahr^{r}a^{h} (zouhoûr^{r})** زهرة
fois, **mar^{r}r^{r}a^{h} (ât)** مرة
fonction, **ważîfa^{h} (ważâ'if)** وظيفة
fonctionnaire, **mouważżaf** (R) **h^{h}oukoûmiy** (R)
fonctionner, **machâ/ sâr^{r}a/ ^{c}amila** مشى/سار/عمل
football, **kour^{r}atø-l-ḵadam** كرة القدم
fort, **ḵawiy (aḵwiyâ')** قوي
four, **four^{r}n (afr^{r}ân)** فرن
four à micro-ondes, **four^{r}n micro-ond** فرن ميكروأوند
fourchette, **chawka^{h} (chouwak)**
français, **far^{r}ansiy** فرنسي
français (le), **al-far^{r}ansiya^{h}** الفرنسية
frère, **ah^{r}(ih^{r}wa^{h})** أخ
frites, **baṯâṯâ miḵliya^{h}** بطاطا مقلية
froid (le), **bar^{r}d** برد
avoir - , **anâ bar^{r}dân** أنا بردان
froid (adj.), **bâr^{r}id** بارد
fromage, **joubna^{h}** جبنة
frontières, **h^{h}oudoûd** حدود

fruit, **fâkiha^{h} (fawâkih) فاكهة**
fumer, **dah^{r}h^{r}ana (youdah^{r}h^{r}in) دخن**
gagner, **r^{r}abih^{h}a (yar^{r}bah^{h}) ربح**
- *de l'argent*, **r^{r}abih^{h}a mâl**
gants, **koufoûf كفوف**
garage, **kar^{r}âj (ât) كراج**
garçon, **sabiy (sibyân) صبي**
gare, **mah^{h}atta^{h} محطة**
garer (se), **saffa-s-saïyâr^{r}a^{h} صفّ السيارة**
gendre, **sihr^{r} صهر**
gens (les), **nâs, ناس**
gentil, **latîf (loutafâ')لطيف**
gorge, **h^{h}alk (m) حلق**
goûter (le), **^{c}asr^{r}oûniya^{h}**
grâce à Dieu, **al-h^{h}amdou li-lâh الحمد لله**
grand (de taille), **tawîl (tiwâl)**
grand, **kabîr^{r}(kibâr^{r}) كبير**
grand-père, **jad (joudoûd) جد**
grand-mère, **jadda^{h} جدة**
grands magasins, **mah^{r}âzin koubr^{r}â مخازن كبرى**
gratuite, **majjânîiy مجاني**
grêle, **bar^{r}ad برد**
guérir, **chafâ (yachfî) شفى**
guérison, **chifâ' (m) شفاء**
habiller (s') /mettre un habit, **labisa (yalbis) šiyâbø-hou**
habiter, **sakana (yaskoun) سكن**
haricots, **fâsoulyâ' فاصولياء**
harissa, **har^{r}îsa^{h} هريسة**
hebdomadaire (un), **majalla^{h} ousboû^{c}iya^{h} مجلة أسبوعية**
heure, **sâ^{c}a^{h} (sâ^{c}ât), ساعة**
à quelle heure, **fî aï sâ^{c}a^{h} في أي ساعة**
heureux, **sa^{c}îd (sou^{c}adâ') سعيد**
hier, **ams/al-bâr^{r}ih^{h}a^{h} البارحة/أمس**
hiver, **chitâ' شتاء**
hiver rigoureux, **chitâ' kâr^{r}is شتاء قارس**
homme, **r^{r}ajoul (r^{r}ijâl) رجل**
homme (humain), **insân (nâs)**
hôpital, **moustachfâ مستشفى**
horaire, **tawkît توقيت**
hors-d'œuvre, **mukabbilât**
hospitalisé (être), **dah^{r}ala -l-moustachfâ دخل المستشفى**
hôte, **daïf (douyoûf) ضيف**
hôtel, **foundouk (fanâdik) فندق**
hôtesse de l'air, **moudîfa^{h}**
huile, **zaït (m) زيت**
humide, **r^{r}atib رطب**
il y a, **youjad يوجد**
- *une semaine*, **mounżou ousboû^{c} منذ اسبوع**
imperméable, **mouchamma^{c} مشمع**
impossible, **moustah^{h} îl / r^{r}aïr moumkin مستحيل/غير ممكن**
il m'est - , **lâ youmkinø-nî**
indemne, **mou^{c}âfâ معافى**
indiquer, **dalla (yadoull) دلّ**
infirmière, **moumar^{r}r^{r}ida^{h} ممرضة**
informatique, **ma^{c}loûmâtiya^{h} معلوماتية**
instituteur, **moudar^{r}r^{r}is ibtidâ'i مدرس ابتدائي**
intelligent, **żakiy (ażkiyâ') ذكي**
intéressant, **chaïyik شيق**
ça m'intéresse, **hâżâ yahoummø-nî هذا يهمني**
international, **douwaliy (R)دولي**
interroger, **sa'ala (yas'al) سأل**
inviter, **da^{c}â (yad^{c}oû) دعا**

jambe, **sâk (sîkân)** ساق
jambon, **jamboûn** جامبون
jardin, **h^{h}adîka^{h} (h^{h}adâ'ik)** حديقة
jardin public, **h^{h}adîka^{h} ^{c}âmma^{h}** حديقة عامّة
jaune, **asfar^{r}** أصفر
jeu, **lou^{c}ba^{h} (lou^{c}ab)** لعبة
jeudi, **al-h^{r}amîs** الخميس
jeune, **châbb (chabâb)** شابّ
joli, **jamîl** جميل
jouer, **la^{c}iba (yal^{c}ab)** لعب
jouer un match, **la^{c}iba moubâr^{r}ât** لعب مباراة
jouer au foot, **la^{c}iba bi-kour^{r}at al-kadam** لعب بكرة القدم
jouer du oud, **^{c}azafa (ya^{c}zif) ala-l-^{c}oûd,** عزف على العود
journée, **nahâr^{r}** (m) نهار
bonne -, **nahâr^{r} sa^{c}îd**
jour, **yawm (aïyâm)** يوم
journal, **jar^{r}îda^{h} (jar^{r}â'id)** جريدة
jupe, **tannoûr^{r}a^{h} / joûb** تنورة / جوب
là (il est-), **houwa mawjoûd**
là-bas, **hounâka** هناك
lac, **bouh^{h}aïr^{r}a^{h}** بحيرة
laine, **souf** (m) صوف
laisser, **tar^{r}aka (yatr^{r}ouk)** ترك
laisser un message, **tar^{r}aka r^{r}isâla^{h} hâtifiya^{h}** ترك رسالة هاتفية
lait, **h^{h}alîb** حليب
langue (organe), **lisân** (m) لسان
langue, **lourâ^{h} (ât)** لغة
lecteur, **kâr^{r}i' (kour^{r}r^{r}â')** قارىء
lecture, **kir^{r}â'a^{h}** قراءة
léger, **h^{r}afîf (h^{r}ifâf)** خفيف
légumes, **h^{r}oudâr^{r}** خضار
lentement, **bi-bout'** ببطء
lentilles de contact, **^{c}adasât lâsika^{h}** عدسات لاصقة
lever (se), **wakafa (yakif) / nahada (yanhad)** / وقف
lever du soleil, **soubh^{h}**, صبح
Liban, **loubnân** لبنان
libanais, **loubnâniy** (R) لبناني
libre, **h^{h}our^{r}r^{r} (ah^{h}r^{r}âr^{r})** حر
ligne, **h^{r}att** (m) **(h^{r}outoût)** خط
lire, **kar^{r}a'a (yakr^{r}a')** قرأ
lit, **sar^{r}îr^{r} / tah^{r}t** سرير/ تخت
lits jumeaux, **sarîr li-chah^{r}saïn** سرير لشخصين
faire le -, **r^{r}attaba (your^{r}attib) as-sar^{r}îr^{r}** رتب السرير
livre, **kitâb (koutoub)** كتاب
livrer des marchandises, **sallama bidâ^{c}a^{h}** سلم بضاعة
locataire, **mousta'jir^{r}** (R) مستأجر
loin, **ba^{c}îd** , بعيد
être -, **ba^{c}ouda (yab^{c}oud)**
lorsque, **^{c}îndamâ** , عندما
louer, **ista'jar^{r}a (yasta'jir^{r})** استأجر
lourd, **sakîl (sikâk)** ثقيل
lundi, **al-isnaïn** الاثنين
lunettes, **nazzâr^{r}ât** نظّارات
lycée, **madr^{r}asa^{h} sânawiya^{h}** مدرسة ثانوية
madame, **saïyidatî** سيدتي
magasin, **mah^{r}zan (mah^{r}âzin) / mah^{h}all (ât)** مخزن/محل
main, **yad (ayâdî)** يد
maintenant, **al-'ân** الآن
mairie, **baladiya^{h}** بلدية
maison, **baït** (m) **(bouyoût)** بيت
mal (il me fait -), **- yoûji^{c}-nî** يوجعني
mal à l'estomac, **waja^{c} ma^{c}ida^{h}** وجع معدة

mal à la gorge, **waja^{c} h^{h}alk وجع حلق**
mal à la tête, **waja^{c} r^{r}a's وجع راس**
mal aux dents, **waja^{c} asnân**
malade, **mar^{r}îd (mar^{r}dâ) مريض**
maladie, **mar^{r}ad** (m) **(amr^{r}âd) مرض**
maladie contagieuse, **mar^{r}ad mou^{c}dî مرض معدي**
manche, **koumm (akmâm) كم**
manger, **akala (ya'koul) أكل**
manger (le), **al-akl الاكل**
manquer RV, **tah^{r}allafa ^{c}ani-l-maw^{c}id تخلف عن الموعد**
manteau, **mi^{c}taf (ma^{c}âtif) معطف**
marcher, **machâ (yamchî)/ sâr^{r}a (yasîr^{r}) مشى / سار**
mardi, **as-ṡoulâṡâ' الثلاثاء**
mari, **zawj (azwâj) زوج**
mariage, **zawâj زواج**
marié, **moutazawwij** (R) **متزوج**
marier (se), voir *épouser*.
marquer un but, **sajjala hadaf سجل هدف**
mauvais, **saïyi'** (R) **سيئ**
il fait - , **at-taks saïyi' الطقس سيء**
médias, **wasâ'il al-i^{c}lâm وسائل الاعلام**
meilleur, **ah^{h}san / afdal احسن / أفضل**
meilleure équipe, **afdal far^{r}îk أفضل فريق**
mensuel, **majalla^{h} chahr^{r}iya^{h} مجلة شهرية**
menthe, **na^{c}nâ^{c}** (m) **نعناع**
menu, **lâ'ih^{h}atø-t-ta^{c}âm لائحة الطعام**
mer, **bah^{h}r^{r}** (m)**(bouh^{h}oûr^{r}) بحر**
merci, **choukr^{r}an شكرا**
mercredi, **al-ar^{r}bi^{c}â' الاربعاء**
mère, **oumm (oummahât) أم**
message, **r^{r}isâla^{h} (r^{r}asâ'il) / h^{r}abar^{r} (ah^{r} bâr^{r}) رسالة /خبر**
métier, **^{c}amal (a^{c}mâl) / mihna^{h}**
mettre à la porte, **tar^{r}ada (yatr^{r}oud) طرد**
mettre un habit, **ir^{r}tadâ (yar^{r}tadî) ارتدى**
mettre la télé, **ach^{c}ala (youch^{c}il) at-talvaza^{h} أشعل التلفزة**
meubles, **aṡâs أثاث**
midi, **żouhr^{r} ظهر**
à midi, **żouhr^{r}an ظهراً**
mieux, **afdal / ah^{h}san أفضل / أحسن**
je ferais - de, **mina-l-afdal an من الافضل أن**
mince, **r^{r}akîk رقيق**
minuit, **nisf al-laïl نصف الليل**
moins, **akall أقل**
mois, **chahr^{r} (achouhour^{r})**
monnaie, **sir^{r}âfa^{h} صرافة**
monsieur, **as-saïd, السيد**
montagne, **jabal** (m) **(jibâl) جبل**
montre, **sâ^{c}at yad ساعة يد**
mort, **maïyit(amwât) ميت**
mort, **mawt** (m) **موت**
mosquée, **jâmi^{c}** (m) **(jawâmi^{c}) جامع**
mot, **kalima^{h} (ât) كلمة**
motocyclette, **dar^{r}r^{r}âja^{h} nâr^{r}iya^{h} درّاجة ناريّة**
mouchoir, **mah^{h}r^{r}ama^{h} (mah^{h}âr^{r}im) محرمة**
mourir, **mâta (yamoût)/ touwouffiya مات / توفي**
mouton, **h^{r}âr^{r}oûf خاروف**
viande de, **lah^{h}m da'n**

moyen, **imkâniya^h** (**ât**) إمكانية
mur, **jidâr^r** (**joudr^r ân**) جدار
musée, **math^{h}af** (**matâh^{h}if**) متحف
musique, **moûsîkâ** موسيقى
nager, **sabah^{h}a** (**yasbah^h**) سبح
naissance, **wilâda** ولادة
naître, **woulida** (**yoûlad**) ولد
naturellement, **tab^{c}an** طبعاً
nécessaire, **dar^{r}oûr^{r}î** ضروري
ne quittez pas, **ibkâ ^{c}ala-l-h^{r}att**
né à, **mawloûd fî** مولود في
neige, **ṡalj** (m) ثلج
il neige, **as-samâ' touṡlij** السماء تثلج
neuf, **jadîd** (**joudoud**) جديد
neveu, **ibn ah^r** / **inb ouh^{r}t** ابن أخ / ابن أخت
nez, **anf/ mounhâr^r** / أنف
nièce, **bint ah^r** / **bint ouh^{r}t** بنت أخ / بنت أخت
noir, **aswad** (**soûd**) أسود
nom, **ism** (**asmâ'**) إسم
nom de famille, **ismø-l-^{c}â'ila^h**/ **lakab** إسم العائلة / لقب
nombre /chiffre, **^{c}adad** عدد
nombreux, **kaṡîr^r** (R) كثير
non, **lâ/kallâ** لا / كلا
note, **h^{h}isâb**, حساب
nouveau, **jadîd** (**joudoud**) جديد
nouvelle (une), **h^{r}abar^r** (**ah^{r}bâr^r**) خبر
nuage, **raïma^h** غيمة
nuageux, **râ'im** غائم
nuit (la), **laïl** الليل
nuit (une), **laïla^h** (**layâlî**) ليلة
bonne - , **laïla^h sa^{c}îda^h** ليلة
numéro, **r^{r}akam** (**ar^{r}kâm**) رقم
nylon, **nâïlon** نايلون
occident / ouest, **rar^{r}b** غرب
occupé, **machroûl** (R) مشغول
œil, **^{c}aïn** (**^{c}ouyoûn**) عين
œuf, **baïda^h** بيضة
offrir, **kaddam** (**youkaddim**)
oncle, voir p. 32.
opération, **^{c}amaliya^h** عملية
orage, **^{c}âsifa^h** عاصفة
ordinateur, **compyoûtir** كمبيوتر
ordonnance, **wasfa^h** وصفة
oreille, **oużoun** (**âżân**) أذن
orient / l'est, **char^{r}k**, شرق
où ?, **aïn** ? أين ؟
ou, **aw / am** أو / أم
oublier, **nasiya** (**yansâ**) نسي
oui, **na^{c}âm**, نعم
outil, **adât** (**adawât**) أداة
ouvrier, **^{c}âmil** (**^{c}oummâl**) عامل
ouvrir, **fatah^{h}a** (**yaftah^h**) فتح
s' - , **infatah^{h}a** (**yanfatih^h**) فتح
pain, **h^{r}oubz** خبز
paire, **zawj** (m) زوج
pantalon, **bantaloûn** بنطلون
parapluie, **chamsiya^h** شمسية
parce que, **li-'anna** لأنّ
pardon, **^{c}afwan** عفوا
parents (les 2), **wâlidân** والدان
parents, **akâr^{r}ib/ahl** أقارب/أهل
parler, **takallama** (**yatakallam**) / **tah^{h}addasa** (**yatah^{h}addas**)
part, de la - de, **min kibal** من قبل
partir (quitter), **râdar^{r}a** (**youradir^r**)/**r^{r}âh^{h}a** (**yar^{r}oûh^h**)
partir en vacances, **żahaba ila-l-^{c}outla^h** ذهب الى العطلة
partir (en voyage), **sâfar^{r}a** (**yousâfir^r**) سافر
passage clouté, **mamar^{r}ø-l-mouchât** ممر المشاة
passé, **mâdî** ماضي
passeport, **jawâz safar^r**

passer la douane, ^{c}abar^{r}a-l-jamâr^{r}ik عبر الجمارك

passer un coup de fil, voir *téléphoner*

passez-moi M., a^{c}tinî as-saïyid أعطني السيد

patron, mou^{c}allim (R) معلم

payer, dafa^{c}a (yadfa^{c}) دفع

payer d'avance, dafa^{c}a salafan دفع سلفا

payer comptant, dafa^{c}a nakdan

peau, jild (m) (jouloûd) جلد

pêcher, sâda (yasîd) صاد

pendant, aṡnâ'a أثناء

penser, fakkar^{r}a (youfakkir^{r})

que pensez-vous ?, mâ r^{r}a'y--ak, ما رأيك

perdre son emploi, fakada ^{c}amalø-hou فقد عمله

père, ab (âbâ') أب

périphérique, mouh^{h}allak محلّق

personne, chah^{r}s (m)(achh^{r}âs)

personnel, milâk ملاك

peser, wazana (yazin) وزن

petit, sarîr^{r} (sirâr^{r}) صغير

petit déjeuner, foutoûr^{r} فطور

prendre le - , fatar^{r} (yaftour^{r})

petit-fils, h^{h}afîd (ah^{h}fâd) حفيد

petite-fille, h^{h}afîda^{h} حفيدة

peu (un), kalîlan قليلا

- de, kalîl min قليل من

peur (avoir), anâ h^{r}â'if أنا خائف

pharmacie, saïdaliya^{h} صيدليّة

phrase, joumla^{h} (joumal) جملة

pièce, rour^{r}fa^{h} (rour^{r}af), غرفة

pièce de théâtre, masr^{r}ah^{h}iya^{h} مسرحيّة

pied, r^{r}ijl (ar^{r}joul) رجل

à - , machyan مشيا

piétons, mouchât مشاة

pilote, koubtân قبطان

piscine, masbah^{h} (masâbih^{h})

place, makân(m) (amkina^{h})

place libre, makân chârir^{r} مكان شاغر

plafond, sakf (soukoûf) سقف

plage, châti' (chawâti') شاطئ

plaire, a^{c}jaba (you^{c}jib) أعجب

plat, tabak (atbak) طبق

pleuvoir (il pleut), as-samâ' toumtir^{r} السماء تمطر

pluie, matar^{r} (m) (amtar^{r}) مطر

plus, akṡar^{r} أكثر

plus tard, fîmâ ba^{c}d فيما بعد

pluvieux, moumtir^{r} ممطر

poche, jaïb (jouyoûb) جيب

poids, wazn وزن

poisson, samaka^{h} (samak) سمكة

poitrine, sadr^{r} (m) صدر

poivre, foulfoul فلفل

pomme, touffâh^{h}a^{h} (touffâh^{h})

pommes de terre, batâtâ بطاطا

porc, h^{r}inzîr^{r}/h^{h}alloûf خنزير/ حلوف

porte, bâb (m) (abwâb) باب

porter, h^{h}amala (yah^{h}mil) حمل

poser une question, sa'ala sou'âl سأل سؤال

possible, moumkin ممكن

poste, jihâz/ h^{r}att, جهاز / خط

poste (la), bar^{r}îd (m) بريد

poulet, dajâj / far^{r}r^{r}oûj دجاج/ فروج

pourboire, bah^{r}chîch بخشيش

pourquoi, limâzâ لماذا

pouvoir, kadir^{r}a (yakdir^{r})/ istatâ^{c}a (yastatî^{c}) قدر

préférer, faddala (youfaddil)

prendre, ah^{r}aża (ya'h^{r}ouz) أخذ

prénom, **ism chah^{r}siy** إسم شخصي
près de, **kar^{r}îb min** قريب
présentateur, **moużî^c** (R) مذيع
présenter, **kaddama** (**youkaddim**) , قدّم
pressé, **mousta^{c}jil** (R) مستعجل
prêt, **jâhiz** (R) جاهز
prévenir, **a^{c}lama (you^{c}lim)** أعلم
prévisible, **moutawakka^c** متوقع
prier, **r^{r}ajâ (yar^{r}joû)** رجا
printemps, **r^{r}abî^c** ربيع
prix, **ṡaman / si^{c}r^r** ثمن / سعر
problème, **mouchkila^h** (**machâkil**) مشكلة
prochain, **kâdim** (R) قادم
proche, **kar^{r}îb** (R) قريب
proche-Orient, **machr^{r}ik** مشرق
procurer (se) du travail, **h^{h}asala ^{c}alâ ^{c}amal**
professeur, **oustâż (asâtiża^h)** أستاذ
projet, **machr^{r}oû^c(machâr^{r}î^c)** مشروع
promener (se), **tanazzaha** (**yatanazzah**) تنزّه
promettre, **wa^{c}ada (ya^{c}id)** وعد
proposer, **^{c}ar^{r}ada (ya^{r}r^{r}id)**
on m'a - , **^{c}our^{r}ida ^{c}alaïya**
propriétaire, **mallâk / sâh^{h}ib** ملاك/صاحب
publicitaire, **mou^{c}lin** معلن
publicité, **di^{c}âya^h/ i^{c}lân** دعاية /إعلان
faire de la -, **^{c}amila di^{c}âya^h**
pull-over, **boullofer^r** بلوفر
pyjama, **bîjâmâ** (f) بيجاما
quand ? , **matâ ?** متى ؟
quand (lorsque), **^{c}indamâ**
quartier, **h^{h}aï /h^{h}âr^{r}a^h /h^{h}awma^h** حيّ / حارة / حومة
que (relatif), voir p. 64.
quel (est) ? **mâ ?** ما ؟
quel (livre), **aï kitâb** أي كتاب
quel temps fait-il?, **kaïfa-t-taks** كيف الطقس
quelques, **bid^{c}at** بضعة
qu'est-ce que, **mâżâ** ماذا
question, **sou'âl** (m) (**as'ila^h**)
qui ? , **man ?** من ؟
qui est à l'appareil?, **man ^{c}ala-l-hâtif?**من على الهاتف
qui (relatif), voir p. 64.
quitter (un endroit), **râdar^{r}a** (**yourâdr^r**) غادر
ne quittez pas SVP, **ibkâ ^{c}ala-l hâtif min fadlak** ابق على الهاتف من فضلك
quoi ? , **mâżâ** ماذا
quotidien (un), **jar^{r}îda^h yawmiya^h** جريدة يومية
raccrochez, **arliki-l-h^{r}at** أغلق الخط
raconter, **ah^{r}bar^{r}a (youh^{r}bir^r)** أخبر
raison (j'ai), **al-h^{h}akk ma^{c}î** الحق معي
rapide, **sar^{r}î^c** سريع
raquette, **madr^{r}ib** (m) مضرب
réception, **istikbâl** (m) استقبال
recevoir, **istakabala (yastakbil)**
réfléchir, **fakkar^{r}a (youfakkir^r)**
réfrigérateur, **bar^{r}r^{r}âd** (**ât**) برّاد
regarder (un film), **châhada** (**youchâhid**) شاهد
régime, **r^{r}éjîm** ريجيم
régler, **dafa^{c}a (yadfa^c)** دفع
remercier, **chakar^{r}a (yachkour^r)**
rencontrer, **iltakâ bi (yaltakî)** / **kâbala (youkâbil)** التقى

rendez-vous, **maw^{c}id** موعد
manquer un -, **tah^{r}allafa (yatah^{r}allaf) ^{c}an,** تخلّف
rendre visite, **zâr^{r}a (yazoûr^{r})** زار
renseignements, **isti^{c}lâmât**
rentrer, **^{c}âda ila-l-baït** عاد الى البيت
réparer, **sallah^{h}a (yousallih^{h})** صلّح
repas, **wajba^{h}** وجبة
répondre, **ajâba (youjîb)** أجاب
réponse, **jawâb** (m) جواب
réserver, **h^{h}ajaza (yah^{h}jouz)** حجز
résoudre, **h^{h}alla (yah^{h}oull)** حلّ
être résolu, **youh^{h}all** يحل
restaurant, **mat^{c}am (matâ^{c}im)** مطعم
rester, **bakiya (yabkâ)** بقي
retard (je suis en), **anâ muta'ah^{r}h^{r}ir^{r}** أنا متأخّر
se mettre en -, **ta'ah^{r}h^{r}ar^{r}a (yata'ah^{r}h^{r}ar^{r}a),** تأخّر
réussir, **najah^{h}a (yanjah^{h})** نجح
réveiller, **aïkaża (youkiż)** أيقظ
se -, **istaïkaża (yastaïkiż) / kâma (yakoûm),**
rhume (j'ai un), **anâ mour^{r}achih^{h}** أنا مرشح
rideau, **sitâr^{r} (satâ'ir^{r})** ستار
rivière, **nahr^{r}** (m) **(anhâr^{r})** نهر
riz, **r^{r}ouzz** رز
robe, **foustân** (m)**(fasâtîn)** فستان
robe de chambre, **kamîs nawm,** قميص نوم
robinet, **h^{h}anafiya^{h}** (m) حنفية
roman, **r^{r}iwâya^{h}** رواية
rond-point, **moustadîr^{r}a^{h}**
rose (couleur), **zahr^{r}iy** زهري
rouge, **ah^{h}mar^{r} (h^{h}oumr^{r})** أحمر
rouler, **sâr^{r}a (yasîr^{r})** سار

route, **tar^{r}îk (tour^{r}ouk)** طريق
rue, **châr^{r}i^{c}** (m)**(chawâr^{r}i^{c})** شارع
ruelle, **zoukâk /zanka** (m) زقاق/زنقة
sable, **r^{r}aml (r^{r}imâl)** رمل
sac à main, **jizdân** جزدان
salade, **salata^{h}** سلطة
salaire, **r^{r}âtib / mour^{r}attab** راتب /مرتب
salle de bains, **h^{h}ammâm** (m) **(ât)** حمّام
salut, **mar^{r}h^{h}abâ** مرحبا
samedi, **as-sabt** السبت
sang, **dam** دم
sans, **bi-doûn,** بدون
santé, **sih^{h}h^{h}a^{h}** صحة
en bonne -, **bi-sih^{h}h^{h}a^{h} jaïyida^{h}** بصحة جيدة
saucisses, **makânik** مقانق
savoir, **^{c}ar^{r}afa (ya^{c}r^{r}if)/ ^{c}alima (ya^{c}lam)** عرف / علم
sec, **jâff** جاف
secrétaire, **amînat sir^{r}r^{r}/ sicr^{r}âtér^{r}a^{h}** أمينة سر
séjour, **ikâma^{h}** إقامة
séjour (salle de-), **rour^{r}fatø-l-ka^{c}da^{h}** غرفة القعدة
sel, **milh^{h}** ملح
semaine, **ousboû^{c}** (m) **(asâbî^{c})**
sens unique, **ittijâh wâh^{h}id** إتجاه واحد
sentir bien (se -), **hâlatø-hou jaïyda^{h}** حالته جيدة
serrure, **kifl** (m) قفل
serveur, **h^{r}âdim / nâdil** خادم /نادل
service, **h^{r}idma^{h}** خدمة
service compris, **ma^{c}a-l-h^{r}idma^{h}** مع الخدمة
serviette, **foûta^{h}** فوطة

short, **bantaloûn kasîr^{r} بنطلون قصير**
signer **wakka^{c}a (youwakki^{c}) وقع**
être-, **woukki^{c}a (youwakka^{c})**
signifier, **^{c}anâ (ya^{c}nî) عنى**
s'il vous plaît, **min fadlak**
sœur, **ouh^{r}t (ah^{r}awât) أخت**
soif (j'ai), **anâ ^{c}atchân, أنا عطشان**
soir, **masâ' مساء**
soldes, **r^{r}ouh^{r}sa رخصة**
soleil, **chams** (m) **شمس**
somme, **mablar** (m) **مبلغ**
sommeil (j'ai -), **anâ na^{c}sân**
sonner, **r^{r}anna (yar^{r}inn) رن**
sonner à la porte, **kar^{r}a^{c}a (yakr^{r}a^{c}) / dakka (yadoukk)**
sonnette, **jar^{r}as** (m) **جرس**
sortir, **h^{r}ar^{r}aja (yah^{r}r^{r}ouj) خرج**
souffler (vent), **habba (yahoubb)**
sous-vêtements, **ṡiyâb dâh^{r}iliya^{h} ثياب داخلية**
souvenir(se), **żakar^{r} (yażkour^{r}) / tażakkar^{r} (yatażakkar^{r}) ذكر**
spectacle/séance, **^{c}ar^{r}d عرض**
sport, **r^{r}iyâda^{h} رياضة**
stagiaire, **moutadar^{r}r^{r}ib/ moutar^{r}abbis متدرب**
station service, **mah^{h}attat h^{r}idma^{h} محطة خدمة**
steak, **chakfat-lah^{h}m شقفة لحم**
steak à point, **chakfa^{h} istiwâ' wasat شقفة استواء وسط**
steak bien cuit, **chakfa^{h} istiwâ' kâmil شقفة استواء كامل**
sucre, **soukkar^{r} سكّر**
sujet, **mawdoû^{c} (mawâdî^{c}) موضوع**
sûr, **akîd / mouta'akkid**
Syrie, **soûr^{r}iya^{h}, سوريّة**

table (à manger), **mâ'ida^{h} مائدة**
table, **tâwila^{h} طاولة**
taille, **kiyâs, قياس**
taire (se), **sakata (yaskout) سكت**
tante, voir p. 32.
tapis, **sajjâda^{h} سجادة**
tard, **mouta'ah^{r}h^{r}ir^{r}** (R) **متأخر**
tasse, **finjân** (m)(**fanâjîn**) **فنجان**
taxi, **taxî** (f) (**ât**) **تاكسي**
téléphone, **hâtif هاتف**
téléphone (le - sonne), **al-hâtif yar^{r}r^{r}in الهاتف يرن**
téléphoner, **talfana (youtalfin)/ ittasala bi-l-hâtif**
téléspectateurs, **mouchâhid**(R)
télévision, **talvaza^{h} تلفزة**
temps (climat), **taks طقس**
temps, **wakt (awkât) وقت**
tennis, **tenîs, تنيس**
terminer, **intahâ (yantahî) انتهى**
terrain de foot, **mal^{c}ab kour^{r}at kadam ملعب كرة القدم**
tête, **r^{r}a's (r^{r}ou'oûs) رأس**
thé, **châï شاي**
théâtre, **masr^{r}ah^{h} مسرح**
timidité, **h^{h}ayâ' حياء**
tissu, **kimâch قماش**
toit, **sakf سقف**
tomber en panne, **ta^{c}attalat saïyâr^{r}atø-hou تعطلت**
tort (j'ai), **al-hakk ^{c}alaïya الحق علي**
tôt, **bâkir^{r}an باكرا**
tournoi, **dawr^{r}iy دوري**
tousser, **sa^{c}ala (yas^{c}il) سعل**
tout(e) / tous(tes), **koull, كل**
traduire, **tar^{r}jama (youtar^{r}jim) ترجم**
train, **kitâr^{r}** (m) (**ât**) **قطار**
traiter, **^{c}âlaja (you^{c}âlij) عالج**
transporter, **nakala (yankoul)**

travail, ^{c}amala (a^{c}mâl) عمل
travailler, ^{c}amila (ya^{c}mal)/ ichtaral (yachtari) عمل
travaux, achrâl أشغال
traverser, ^{c}abar^{r}a (ya^{c}bour^{r}) عبر
tricher, rachcha (yarouchch) غش
trimestre, fasl (fousoûl) فصل
tromper (se), ah^{r}ta'a (youh^{r}ti')
se - de numéro, ar-rakam ralat الرقم غلط
trop, kaŝir^{r}an jiddan كثيرا جدا
trottoir, r^{r}asîf (ar^{r}sifa^{h}) رصيف
trouver, wajada (yajid), وجد
tuer, katal (yaktoul) قتل
être tué, koutila (youktal) قتل
Tunisie, toûnis تونس
université, jâmi^{c}a^{h} جامعة
usine, masna^{c}/ ma^{c}mal (m) مصنع/معمل
vacances, ^{c}outla^{h} عطلة
vaisselle (faire la), jalâ (yajlî)
valise, h^{h}akîba^{h} (h^{h}akâ'ib) حقيبة
valoir (ça vaut), yousâwî يساوي
veau, ^{c}ijl عجل
vélo, dar^{r}r^{r}âja^{h} درّاجة
faire du - , r^{r}akiba (yar^{r}kab) dar^{r}r^{r}âja^{h} ركب دراجة
vendre, bâ^{c}a (yabî^{c}) باع
vendre à perte, bâ^{c}a bi-l-h^{r}asâr^{r}a باع بالخسارة
vendeur / vendeuse, bâ'i^{c}/ bâ'i^{c}a^{h} بائع / بائعة
vendre au rabais, bâ^{c}a bi-tah^{r}fîd باع بتخفيض
vendre avec bénéfice, bâ^{c}a bi-mar^{r}bah^{h} باع بمربح
vendredi, al-joum^{c}a^{h} الجمعة
venir, atâ (ya'tî) / ja'a (yaji')
vent, hawâ'/r^{r}îh^{h} هواء / ريح
vérité, h^{h}akîka^{h} حقيقة
verre, ka's (kou'oûs) كأس
vert, ah^{r}dar^{r} (h^{r}oudr^{r}) أخضر
verser des arrhes, dafa^{c}a r^{r}a^{c}boûn دفع رعبون
veste, sitr^{r}a^{h} سترة
vêtement, ŝawb (ŝiyâb) ثوب
veuf, veuve, ar^{r}mal, ar^{r}mala^{h} أرمل / أرملة
viande, lah^{h}m (m) (louh^{h}oûm)
vieillir, kabour^{r}a/ châh^{r}a
vieux, ^{c}ajoûz (^{c}ajâ'iz) عجوز
ville, madîna^{h} (moudoun),
vin, h^{r}amr^{r} / nabîż خمر / نبيذ
vinaigre, h^{r}all خل
visage, wajh (woujoûh) وجه
visite, ziyâr^{r}a^{h} زيارة
visite médicale, ziyâr^{r}a^{h} tibbiya^{h} زيارة طبيّة
visiter, zâr^{r}a (yazour^{r}) زار
vitesse, sour^{rc}a^{h} سرعة
voir, r^{r}a'â (yar^{r}â)/châhada (youchâhid) رأى / شاهد
être-, choûhida (youchâhad)
voisin, jâr^{r} (jîr^{r}ân) جار
voiture, saïyâr^{r}a^{h} سيّارة
vol, r^{r}ih^{h}la^{h} jawwiya^{h} رحلة جوية
voler (volatiles), târ^{r}a (yatîr^{r})
voler, sar^{r}aka (yasr^{r}ik) سرق
être volé, sour^{r}ika سرق
vouloir, ar^{r}âda (your^{r}îd) أراد
voyage, r^{r}ih^{h}la^{h}/safar^{r} رحلة/سفر
faire un - , kâma (yakoûm) bi-r^{r}ihla^{h} قام برحلة
voyager, sâfar^{r}a (yousâfir^{r}) سافر
voyageur, mousâfir^{r} (R) مسافر
voyant, ichâr^{r}a^{h} daw'iya^{h}, إشارة ضوئية
vrai, sah^{h}îh^{h}, صحيح
w.c., mirh^{h}âd مرحاض
wagon, h^{h}âfila^{h},

Index grammatical

ISBN : 2-266-05391-4

Achevé d'imprimer en mai 1996
sur les presses de Cox & Wyman Ltd (Angleterre)

POCKET – 12, avenue d'Italie 75627 Paris cedex 13 Tél. 44.16.05.00

Dépôt légal : septembre 1993

Imprimé en Angleterre